Christian Senfleben

Gute Noten ohne Lernen

Mit Anwendung einfacher Psychologie zum 1er Abi!

Verlag: Christian Senfleben, Schießmauer 1a, 63776, Mömbris

E-Mail: christian.senfleben@web.de

Druck: epubli – ein Service der neopubli GmbH, Berlin

Für meinen diesjährig verstorbenen Großvater, Heinz Senfleben, einen außergewöhnlichen Menschen, der mich immer unterstützte und förderte

Inhaltsverzeichnis

Einführung

Um vorab schon mal Unklarheiten zu beseitigen und etwaigen Missverständnissen vorzubeugen, möchte ich zunächst etwas über diesen Ratgeber klarstellen:

Dies ist weder einer dieser „Lern nur zwei Stunden am Tag und du kriegst keine Probleme“-Ratgeber, noch will ich eingestaubte Lernstrategien beleuchten, die, seien wir ehrlich, jeder spätestens nach der Unterstufe kennen und hassen gelernt hat.

Es geht auch nicht darum, wie man den Stoff einfacher versteht oder ihn länger für sich behalten kann, denn darüber gibt es wahrlich genug Bücher, auch wenn nur die wenigsten hilfreich sind.

In diesem Buch treten wir einen Schritt zurück und betrachten nicht unser unmittelbares

Problem, die Noten, sondern das übergeordnete: Das System!

Bevor man ein Spiel wirklich spielen kann, muss man nämlich erstmal die Regeln verstehen und, mindestens genauso wichtig, sie auch annehmen!

Du wirst jetzt wahrscheinlich sagen: „klar, das System kenn

ich doch, ich gehe doch jetzt schon seit so vielen Jahren zur Schule!“. Tatsache ist jedoch leider, dass viele das System noch nicht wirklich durchschaut und für sich zu nutzen gelernt haben.

Betrachten wir das Gerüst unseres Bildungssystems doch einmal ganz unvoreingenommen: Nach der Grundschule entscheidet man, je nach Bundesland mit den Grundschullehrern oder nicht, auf welche weiterführende Schule man gehen will.

Da hätten wir die Mittelschule, welche es dir zum einen nicht ermöglicht anschließend zu studieren und zum anderen auch dein Ausbildungsstellenangebot enorm einschränkt. Es ist nun einmal Tatsache, dass viele Betriebe zumindest eine mittlere Reife erwarten, was uns direkt zum nächsten Punkt führt: der Realschule.

Die Realschule ist auch heutzutage sicherlich kein schlechter Weg für all diejenigen, die praktisches Abreiten dem Theoretischen vorziehen. In einer Zeit des Handwerkermangels kann es sogar sehr verlockend sein, nur zehn Jahre in die Schule zu gehen und anschließend direkt eine Lehre anzufangen.

Für all diejenigen jedoch, die direkt nach der Schule das süße

Studentenleben genießen und später einmal einen anspruchsvollen und hoffentlich gut bezahlten Job haben wollen gibt es nur die höchste Schulform: das Gymnasium!

Nur der gymnasiale Abschluss, das Abitur, berechtigt in Deutschland zur unmittelbaren und uneingeschränkten Studienwahl! Da mittlerweile fast jeder studieren will, ist das der Weg für die meisten Jugendlichen in dieser Zeit. Allerdings gibt es natürlich auch hier weitere Einschränkungen, die mit der Endnote des Abiturs zusammenhängen. Wenn du nicht einen bestimmten Abiturschnitt vorweisen kannst, kannst du eventuell das, was du seit frühster Kindheit studieren wolltest, trotz bestandenem Abitur nicht studieren.

Ich will das hier nicht bewerten und keine erneute Diskussion darüber starten, ob das gerechtfertigt ist oder nicht. Es geht lediglich darum anzunehmen, dass, wenn ich beispielsweise Psychologie studieren will, wohl, stand jetzt, einen Abiturschnitt von mindestens 1,2 brauchen werde, um ohne längere

Wartezeit einen Studienplatz zu bekommen. Warum das so ist, werde ich im weiteren Verlauf noch erklären.

Kurzer Einschub für alle, die jetzt sagen: „Hey, in Medizin wurde der NC doch jetzt aber abgeschafft!". Ende 2017 hat das Bundesverfassungsgericht zwar entschieden, dass beim Studiengang Humanmedizin verfassungswidrige Zulassungsbedingungen herrschen, da neben den 20% der Studienplätze, die an die Abiturbesten gehen und den 20%, die an Wartesemestersammler gehen, die restlichen 60% bis jetzt, wie wohl bei jedem Studiengang auch, ebenfalls nach der Abiturnote vergeben werden und nicht wirklich durch unieigene Kriterien, wie es vorgesehen ist. Allerdings gibt es aktuell noch keinen ausgefertigten Lösungsvorschlag, wie man dieses Problem beheben soll. Was jedoch feststeht ist, dass auch in Zukunft wohl das entscheidende Kriterium für die Zulassung zu

Studiengängen die Abiturnote sein wird. Also solltest du zusehen, dass du einen guten Schnitt erreichst!

Ich werde dir genau erklären, wie du genau das schaffst, ohne mehr Zeit mit Schulsachen zu verbringen, als du es ohnehin tust- auch, wenn du überhaupt nicht lernen solltest!

Zunächst allerdings ein kleines Beispiel, warum nicht jeder einfach das studieren kann, was er will.

2017 haben sich ca. 45 000 Abiturienten für Humanmedizin beworben. Tatsache ist, dass von diesen 45 000 nur rund 9 000 einen Studienplatz bekommen haben (Quelle: Zeit Online) und so wird es aller Voraussicht nach auch 2018 und in den kommenden Jahren sein. Das heißt, dass allein von der Kapazität her nur ca. jeder fünfte Bewerber einen Studienplatz in Humanmedizin bekommen wird.

Man kann zwar auch über Wartesemester (die oben angesprochenen anderen 20%) an einen zulassungsbeschränkten Studienplatz kommen, allerdings bedeutet das bei Humanmedizin zurzeit 14 Wartesemester (7 Jahre!). In dieser Zeit darf man nicht an einer anderen deutschen Hochschule eingeschrieben sein, auch nicht für einen anderen Studiengang. Wir sind uns deshalb wahrscheinlich einig, dass es am angenehmsten und schnellsten wäre, wenn du einfach ein gutes Abi schreibst und direkt studieren kannst, was auch immer du willst, ohne dir Sorgen um einen Studienplatz machen zu müssen. Außerdem sieht so ein 1er Abi auch im Lebenslauf später ziemlich gut aus!

Dass bestimmte Abiturschnitte für Studiengänge verlangt werden, ist natürlich für diejenigen blöd, die ein zu schlechtes Abitur für ihren Wunschstudiengang haben. Deshalb sollte man sich ab der Oberstufe Gedanken machen, wie man den Abiturschnitt erreicht, den man für sein Studium benötigt. Vielen Schülern fällt hierbei nur schier unendliches Pauken ein. Allerdings kann man einen sehr guten Schnitt auch ohne viel zu lernen erreichen!

Ich habe während meiner Schulzeit Wege gefunden, sehr gute Noten zu erzielen, ohne viel zu lernen oder hochbegabt zu sein und genau diese Wege möchte ich dir in den folgenden Kapiteln zeigen, damit auch du davon profitieren kannst! Ich habe dieses Buch mit Absicht kurzgehalten, weil sich, wie ich aus eigener Erfahrung weiß, niemand einen dicken Wälzer antun will. Deshalb habe ich auch am Ende jedes Kapitels eine kleine Zusammenfassung eingefügt, damit du dir immer wieder die Kernaussagen in den Kopf rufen kannst, wenn dir danach ist. Siehe dies also als dein Handbuch für gute Noten an, welches du dir greifst, wenn du keine Lust mehr hast stundenlang für gute Noten zu lernen.

Über mich

Mein Name ist Christian Senfleben und ich habe 2017 mein Abitur als Drittbester meines Schuljahrgangs mit einer Endnote von 1,2 in Hessen abgelegt. Ich bin weder hochbegabt, noch bin ich jemand, der gerne oder viel lernt und habe deshalb schon immer nach Möglichkeiten gesucht das Lernen zu umgehen. In der Mittelstufe hatte ich nie richtig schlechte Noten, allerdings auch keine Bestnoten, was mich zugegebenermaßen ein bisschen ärgerte. Da ich seit jeher sehr ehrgeizig bin, wollte ich mich nicht mit mittelmäßigen Noten abfinden, vor allem, weil Ich wusste, dass ich für meinen Wunschstudiengang einen Abiturschnitt von ca. 2,0 brauchen würde. Wie habe ich es nun geschafft dieses Ziel zu erreichen? Indem ich während der Oberstufe tatsächlich Möglichkeiten gefunden habe, ohne viel zu lernen gute Noten zu schreiben! Von diesem Zeitpunkt an war es schlichtweg einfach. Ohne großen Lernaufwand schienen mir gute Noten von nun an zuzufliegen, weshalb mein Abiturschnitt letztendlich auch deutlich besser ausgefallen ist, als der NC meines Wunschstudiums es verlangt hätte. Ich sage immer: „Man muss das System Schule verstehen, um gute Noten zu kriegen, nicht viel lernen!".

Vor dem Unterricht

Nun als erstes muss dir dein Ziel klar werden. Du willst nicht unbedingt derjenige werden, der am meisten Ahnung in einem Fach hat, sondern derjenige, der gute Noten bekommt. Denn da besteht ein gewaltiger Unterschied. Zu meiner Schulzeit gab es viele, die sich deutlich mehr für manche Fächer interessierten und dementsprechend auch deutlich mehr Wissen auf diesem Gebiet hatten als ich. Vor allem „Politik und Wirtschaft“ war ein mir verhasstes Fach, ich interessierte mich einfach überhaupt nicht dafür. Im Gegensatz dazu gab es dann Mitschüler, die sich schon aktiv in Parteien beteiligten, zum Teil mit Aktien handelten oder zumindest jeden Tag den Politikteil der Zeitung lasen, den ich verschmähte. Und trotzdem hatte ich oft bessere, oder zumindest gleichgute Noten wie meine interessierten Klassenkameraden.

Wenn du dir nun also dieses Ziel, gute Noten zu schreiben, in den Kopf gesetzt hast, musst du dort angreifen, wo die Noten gemacht werden. Und wo ist das? Genau, im Gehirn deiner Lehrer! Gute mündliche Noten zu haben, während deine Lehrer denken, dass du keine Ahnung hast, ist nämlich unmöglich- und mündliche Noten machen in der Oberstufe nun mal 50 Prozent deiner Endnote aus! Also gilt es, die Lehrer von dir und deinem Wissen zu überzeugen. Aber wie stellt man das am besten an?

Nun als erstes sollte man sich einmal in die Lage der Lehrer hineinversetzten. Stell dir vor, du würdest beispielsweise Mathematik und Deutsch unterrichten. Nachdem du dich von diesem kleinen Schock erholt hast, wirst du wahrscheinlich einsehen, dass es wohl Gründe gegeben haben muss, warum du gerade diese Fächer ausgewählt hast. Du musstest sie ja immerhin studieren, was sich wohl keiner angetan hätte, würden ihm diese Fächer nicht gefallen. Und genau das ist der Punkt! Jede Lehrerin und jeder Lehrer mag ihr oder sein Fach und interessiert sich dafür, sonst hätten sie sich nicht gerade dieses Fach ausgesucht oder wären vielleicht überhaupt nicht Lehrer geworden. Aber was bringt uns diese Erkenntnis?

Es ist wie mit allem, wenn man sich für etwas interessiert, ist man mit anderen, die sich für das Gleiche interessieren, auf einer Wellenlänge. Das heißt, wenn dein Mathelehrer das Gefühl hat, dass du dich für Mathe interessierst, wird sich das Bild, das er von dir hat unbewusst verändern. Er wird dich auf einmal interessanter und sympathischer finden, was uns natürlich nur recht sein kann. Das hat selbstverständlich nichts mit schleimen zu tun, du trägst ihm ja weder die Tasche nach, noch machst du ihm irgendwelche schmeichelnden Komplimente oder Ähnliches. Du sollst lediglich versuchen, ihn davon zu überzeugen, dass du dich für sein Fach interessierst. Stell dir vor, du stehst als Lehrer vor deiner Klasse und niemanden scheint es zu interessieren, was du erzählst. Würde es dich dann nicht auch freuen, wenn zumindest ein Schüler Interesse an deinem geliebten Fach zeigt? Und würdest du ihm dann nicht auch eine bessere Note geben, als den anderen?

Man muss sich immer vor Augen halten, dass Lehrer auch nur Menschen sind. Klar, sie sollten keinen Lieblingsschüler haben und alle gleich behandeln, aber denkst du wirklich sie tun das? Nein, natürlich nicht. Das geht psychologisch gesehen auch überhaupt nicht. Es gibt immer Menschen, die man mehr mag als andere, wenn auch zum Teil nur unbewusst. Und selbst bei dem Lehrer, der am penibelsten darauf achtet alle Schüler und Schülerinnen gleich zu behandeln, wird man dementsprechend immer noch leichte Unterschiede erkennen können.

Nun, wie erweckst du in deinen Lehrern den Eindruck, dass du dich für ihr Fach interessierst, auch, wenn du das wahrscheinlich überhaupt nicht tust? Dafür hast du natürlich den ganzen Unterricht lang Zeit, allerdings ist es wichtig, dass du dich auf diese „Showtime“ schon vorab vorbereitest.

Ein klasse Trick, den ich in der Oberstufe entdeckt habe und welcher mir viele Extrapunkte eingeheimst hat, basiert auf meiner These „Du haust deinen Lehrer nicht vom Hocker, wenn du ihm das nachplapperst, was er in der letzten Stunde gesagt hat, sondern, wenn du etwas sagst, was du noch NICHT bei ihm gelernt hast.“ Das zeigt ihm, dass du eindeutig interessiert an seinem Fach bist, und ambitioniert noch dazu. Und das ist ja genau das, was wir wollen. Außerdem kannst du dann auf Fragen wie „Kann sich jemand vorstellen, wie wir jetzt weiterrechnen müssen?“ oder „Was denkt ihr, für was das gut ist, was wir gerade machen?“ wahrscheinlich als Einziger richtig antworten. Sowas lässt dich natürlich enorm in der Achtung der Lehrer steigen.

Die Frage, wie du dir schon vorab einen Überblick über das verschaffst, was du in der nächsten Unterrichtsstunde durchnehmen wirst, ist einfach zu beantworten: Zunächst schaust du entweder im Lehrplan, welchen du im Internet findest, oder im Schulbuch, welches Thema als nächstes behandelt wird. Natürlich kann es auch sein, dass deine Lehrer in der letzten Stunde schon verraten haben, was ihr in der nächsten Stunde durchnehmen werdet, dann ist es umso einfacher. Wenn du jetzt also weißt, was ihr durchnehmen werdet, liest du dir entweder die Schulbuchseite vorab durch, oder suchst im Internet nach Informationen. Vor allem der Youtube Kanal „The Simple Club“

erklärt dir den gymnasialen Oberstufenstoff in fast allen abiturrelevanten Fächern in kurzen und anschaulichen Lernvideos. Es gibt natürlich auch noch viele weitere Youtuber, die echt hilfreiche Videos zum Schulstoff hochladen und den Sachverhalt gut erklären.

Wenn du jetzt also beispielsweise weißt, dass ihr in der nächsten Mathestunde mit linearer Algebra anfangen werdet, schaue dir doch vorher mal ein kurzes allgemeines Video darüber an. Damit verschaffst du dir gegenüber deinen Mitschülern einen riesigen Vorteil und wirst dem Lehrer wie ein kleines Genie vorkommen, wenn du Zusammenhänge erkennst und sagen kannst, wie man bei einer bestimmten Aufgabenstellung vorgehen muss. Das spiegelt sich dann natürlich auch in deinen mündlichen Noten wider. Die meisten Schüler haben Lernvideos bereits für sich entdeckt, jedoch nur als Wiederholung vor den Klausuren. Damit nutzen sie allerdings nur höchstenfalls die Hälfte des Potenzials dieser Lernvideos! Ich habe bis jetzt noch niemanden getroffen, der sich Lernvideos gezielt zu Themen anschaut, die erst in der nächsten Unterrichtsstunde thematisiert werden- außer mir. Nutze Lernvideos nicht nur zur Wiederholung vor Klausuren, sondern auch als Joker für deine mündliche Mitarbeit!

Des Weiteren gilt hier zu erwähnen, dass es natürlich keinesfalls umsonst war, sich eins dieser Lernvideos anzuschauen, auch wenn der darin behandelte Stoff vielleicht nicht in der nächsten Unterrichtsstunde durchgenommen wird. Irgendwann in der Oberstufe wird dieser Stoff drankommen und dann bist du gewappnet!

Das „Vorlernen" ist jedoch nicht das einzige, das du vor dem Unterricht machen kannst. Wir erinnern uns an unser Ziel, deinen Lehrern das Bild von dir als interessierten, engagierten und intelligenten Schüler zu vermitteln. Dazu gehört nicht nur das, was sie von dir hören, sondern auch das, was sie von dir sehen. Wenn du in der letzten Reihe sitzt, ist es schwieriger die Lehrer auf dich aufmerksam zu machen. Besser ist es, wenn du uneingeschränkt in ihrem Blickfeld sitzt, beispielweise mittig in der ersten oder zweiten Reihe. Dadurch, dass sie dich jetzt auch visuell besser wahrnehmen, werden sie sich das Bild von dir, wie du dich meldest und etwas zu ihrem Unterricht beiträgst, schärfer einprägen. Daraus resultiert, dass sie die Häufigkeit, mit der du dich im Unterricht beteiligst überschätzen. Auch hier machen wir uns also einen psychologischen Effekt zu Nutze. Wenn sie jetzt deine mündliche Beteiligung überschätzen, werden sie folglich auch deine mündliche Note nach oben korrigieren, ganz nach ihrem Gefühl eben, das du durch deinen Sitzplatzwechsel in ihnen ausgelöst hast. Das Schöne daran ist, dass sie nie erfahren werden, warum sich ihr Gefühl dir gegenüber verändert hat. Sie werden wahrscheinlich nicht einmal realisieren, DASS sich ihre Einschätzung dir gegenüber geändert hat, weil all diese Vorgänge unterbewusst ablaufen. Du manipulierst also mehr oder weniger das Unterbewusstsein deiner Lehrer, damit sie dir bessere mündliche Noten geben!

Bei deinem Sitzplatzwechsel solltest du allerdings nicht nur beachten, dass du dich gut sichtbar für deine Lehrer platzierst, sondern auch überlegen, neben wen du dich setzt. Zum einen solltest du es vermeiden - soweit möglich - neben deinen Freunden zu sitzen, weil diese natürlich eine enorme Ablenkung sein können. Jedoch weiß ich, dass das unter Umständen nicht so einfach ist, weil man seinen Freunden nicht auf die Füße treten will. Wenn es sich also nicht vermeiden lässt, oder du einfach unbedingt neben deinen Freunden sitzen möchtest, ist das kein Beinbruch. Allerdings solltest du ihnen klarmachen, dass du dem

Unterrichtsgeschehen folgen und nicht von ihnen dauerhaft beschallt werden willst.

Ein weiteres wichtiges Kriterium bei deiner Sitzplatzwahl ist das unterrichtsbezogene Verhalten deines Sitznachbarn. Stelle dir noch einmal vor, du wärst ein Lehrer und du siehst einen Schüler, der sich mittelmäßig am Unterricht beteiligt neben einem anderen Schüler sitzen, der sich nicht ein einziges Mal in der Stunde meldet. Jetzt stell dir vor, der gleiche Schüler, der sich mittelmäßig am Unterricht beteiligt, sitzt neben dem „Klassenstreber“ dessen Arm bei jeder Frage hochschnellt und immer die richtige Antwort parat hat. Wie dir bestimmt klar ist, sieht der mittelmäßige Schüler neben dem schweigsamen Schüler deutlich besser aus als der, der neben dem Klassenstreber sitzt- und das schlägt sich dann auch in den Noten nieder. Der gleiche Schüler, mit der exakt gleichen Unterrichtsbeteiligung würde bei so gut wie jedem Lehrer neben dem

„Klassenstreber" schlechtere Noten bekommen, als neben einem inaktiven Schüler. Es muss jedoch auch gesagt werden, dass ein schwacher Schüler neben einem starken Schüler aufblühen kann, da er ihn um Rat fragen und von seinem Wissen profitieren kann. Im Klartext heißt das: Wenn du dich schon als, im Vergleich zu deinen Klassenkameraden, starken Schüler einschätzt, setze dich neben einen inaktiven Schüler. Solltest du noch ein eher schwacher Schüler sein, ist es sicher keine schlechte Idee, sich neben einen starken Schüler zu setzen- vorausgesetzt dieser hilft dir, wenn du ihn etwas fragst!

Je schlechter das allgemeine Niveau in deinem Kurs ist, desto besser ist das für dich gute Noten ohne Lernen zu erzielen! Du brauchst nun keine überragenden Leistungen zu bringen, um der Klassenbeste zu sein. Der Klassenbeste bekommt allerdings meistens mündliche Noten im sehr guten Bereich, weil

Lehrer keine genormten Skalen haben, nach denen sie die mündliche Mitarbeit ihrer Schüler klassenübergreifend vergleichen. Auch das ist eine Besonderheit des Systems Schule, die man verstehen muss! Jedoch ist nicht nur das Niveau in deinem Kurs entscheidend.

Jeder Lehrer vergibt Noten anders. Das hat mich während meiner Schulzeit mit am meisten geärgert. Während du dich in deinem Deutschkurs abrackerst, hörst du, wie deine Freunde aus dem Paralleldeutschkurs über die geschenkten mündlichen Noten und die einfachen Klausuren lachen. Auf der anderen Seite wiederum verstehst du nicht, warum deine Freunde aus dem anderen Mathekurs jeden Tag pauken müssen, wo dein Lehrer doch so entspannt ist, kaum Hausaufgaben und dafür gute Noten verteilt. Kommt dir diese Situation bekannt vor? Wahrscheinlich schon, aber das sind nun mal die Regeln, nach denen in der Schule gespielt wird. Jeder Lehrer ist anders und jeder Lehrer trifft subjektive Entscheidungen. Daraus folgt doch ganz klar, dass die einen Lehrer den gleichen Schüler anders bewerten als andere Lehrer. Welchen Schluss ziehen wir daraus? Wir müssen versuchen in die Kurse derjenigen Lehrer zu kommen, die gnädig in der Notenvergabe sind! Die Kurse zu wechseln ist je nach Schule möglich oder nicht. Natürlich sind die Kurse der „netten" Lehrer meist überlaufen, weil viele Schüler auch erkannt haben, dass es deutlich einfacher und angenehmer bei diesen Lehrern ist. Eine gute Methode ist es daher, auch seine Fächer zum Teil nach dem Lehrer zu wählen, wenn man in die Oberstufe kommt. Wenn du zum Beispiel die Wahl hättest zwischen Biologie und Französisch, solltest du natürlich als erstes schauen, welches Fach dir mehr liegt. Allerdings musst du demgegenüber auch abwägen, wie anspruchsvoll die Lehrer sind, die das jeweilige Fach unterrichten. Wenn du dich minimal besser in Französisch einschätzen würdest als in Biologie, du jedoch weißt, dass die Französischlehrer deiner Schule extrem hohe Erwartungen haben und tendenziell schlechte Noten verteilen, die Biologielehrer aber als gnädig gelten, würde ich trotzdem Biologie dem Fach Französisch vorziehen. Das für deinen spezifischen Fall abzuschätzen ist deine Aufgabe.

Zusammenfassung:

- Versuche deinen Lehrern ein positives Bild von dir zu vermitteln
- Setze dich dafür vor dem Unterricht kurz mit dem Stoff auseinander, der in der nächsten Stunde behandelt wird
- Suche deinen Sitzplatz so aus, dass die Lehrer dich gut sehen
- Versuche nicht neben deinen Freunden zu sitzen, sondern neben einem ruhigen Mitschüler
- Wechsele, wenn möglich, in einen Kurs mit einem „gnädigen“ Lehrer
- Wäge bei deiner Fächerwahl für die Oberstufe deine potenziellen Lehrer gegen deine Fähigkeiten ab

Während dem Unterricht

So, angenommen du hast alle meine Ratschläge befolgt und sitzt jetzt im Klassenraum in Erwartung des Gongs. Dann beginnt genau jetzt die eigentlich wichtigste Zeit! Ab jetzt spiegelt der Eindruck, den du bei deinen Lehrern erweckst, sich direkt in deinen Noten wider. Also pass auf, dass es ein guter ist!

Wenn du deine Lehrer nervst, indem du schwätzt oder anderswie unangenehm auffällst, kannst du es dir ganz schnell mit ihnen und somit auch mit deinen Noten verscherzen. Kein Lehrer der Welt wird dich sympathisch finden, wenn du im Unterricht etwas Besseres zu tun hast, als ihm zuzuhören, oder ihm auf der Nase herumtanzt!

Versuche anstelle dessen aufmerksam zu wirken. Das schaffst du, indem du deinen

Lehrern in die Augen schaust, weswegen es auch wichtig ist, so zu sitzen, dass du freie Sicht auf deine Lehrer hast. Damit meine ich nicht, dass du dich unbedingt in die erste Reihe setzten sollst. Allerdings solltest du es vermeiden hinter Kevin, 1,97m groß und fast genauso breit, versteckt in der Ecke zu sitzen.

Augenkontakt ist darüber hinaus aus folgenden Gründen sehr wichtig: In dem Moment, in dem du einer anderen Person in die Augen schaust, signalisierst du ihr eindeutig, dass du ihr zuhörst. Außerdem baut man zu einer Person, mit der man häufigen Augenkontakt hält, eine Beziehung auf. Man mag und vertraut einer solchen Person einfach eher. Das wollen wir natürlich! Wir wollen, dass unsere Lehrer uns mögen und uns, in Bezug auf unser Interesse und Wissen zu ihrem Fach, vertrauen.

Ich erinnere mich noch, dass meine damalige Mathelehrerin bereits nach einem Halbjahr so auf meine Fähigkeiten vertraute, dass sie nach einer Unterrichtsstunde zu mir sagte: „Christian, du brauchst dich von nun an nicht mehr zu melden! Ich weiß, dass du den Stoff beherrschst. Ich gebe dir also einfach 15 Punkte mündlich und du rechnest still für dich weiter, ok?“. Das war natürlich ein absoluter Glücksfall, da ich zugegebenermaßen den Stoff nicht komplett beherrschte. Ich hatte mir das Image des Mathegenies über die ersten Monate der Oberstufe erarbeitet, unter anderem dadurch, dass ich eben so oft es ging Augenkontakt hielt.

Bei meiner Englischlehrerin war es ähnlich. Schon nach ein paar Unterrichtsstunden, in denen ich bewusst den Augenkontakt zu meiner Lehrerin suchte, war ich der

auserkorene Englischprofi, der, mal ganz unter uns, gar nicht so gut englisch sprechen konnte! Aber das war in diesem Fall egal, weil ich den guten Ruf des strebsamen und aufmerksamen Schülers innehatte.

Was mir übrigens nach ein paar Wochen bei meinen Lehrern auch aufgefallen ist: Sie hielten meinen Augenkontakt während des Unterrichts immer länger und schienen ihn ebenfalls zu suchen! Lehrer sind nun einmal unheimlich froh, wenn ihnen tatsächlich mal jemand seine Aufmerksamkeit schenkt und ihnen zuhört!

Ich schätze es ist selbstverständlich, dass man versuchen muss, sich so häufig wie möglich im Unterricht zu melden, um gute mündliche Noten zu ergattern. Wenn du regelmäßig gut im Unterricht mitmachst, wirst du außerdem viel weniger für die Klausuren lernen müssen, weil du viel mehr aus den Unterrichtsstunden mitnimmst. Als ich in der Oberstufe letztendlich meine Angst davor, durch meine Mitarbeit als Streber dazustehen, überwunden hatte, überflog ich lediglich nochmal den Stoff am Abend vor der Klausur und schrieb trotzdem fast immer 13 Punkte oder mehr. Überleg doch mal: Wenn du eh schon in die Schule gehst und dich in den Unterricht quälst, dann kannst du doch zumindest dafür sorgen, dass du dir nicht auch noch Zuhause Gedanken über diesen Mist machen musst! Mach im Unterricht gut mit und du wirst kaum noch etwas Zuhause lernen müssen!

Weiter oben habe ich geschrieben, dass du dich so häufig, wie möglich im Unterricht melden sollst- und zwar sowohl, wenn du eine Antwort geben willst, als auch, wenn du eine Frage hast. Es ist unglaublich wichtig, dass du nicht den Anschluss verpasst, weil du sonst eventuell in der ganzen Unterrichtsstunde nicht mehr mitmachen kannst und alles Zuhause nachholen musst. Also stelle Fragen, wenn du etwas nicht verstanden hast! Die Lehrer sind selten böse, sondern viel mehr erfreut, dass ein Schüler sich bemüht, den Unterrichtsstoff zu verstehen. Beim diesem Thema gibt es allerdings eine Einschränkung: Wenn du bereits den Ruf als beispielsweise Mathegenie gewonnen hast, dir aber etwas ganz Elementares nicht einfällt oder du es vergessen hast, dann frag besser nicht deinen Lehrer, sondern schlag es im Lehrbuch nach oder frag einen Kollegen. Es gibt nämlich, entgegen der Aussage mancher Lehrer, durchaus dumme Fragen, oder besser gesagt Fragen, die dich dumm dastehen lassen. Und das ist nun wirklich das letzte, das wir wollen!

Des Weiteren musst du versuchen, die Lehrer während des Unterrichts zu „unterstützen". Auch damit ist nicht gemeint, dass du in irgendeiner Weise schleimen sollst. Wenn sie

jedoch zum Beispiel verzweifelt jemanden suchen, der vor an die Tafel kommt und etwas anschreibt, dann gebe dir einen Ruck und gehe vor! Vielleicht kennst du ähnliche Situation selbst: Du hältst ein Referat und richtest eine Frage an die Klasse und- niemand meldet sich! Du weißt nicht, ob du jetzt noch länger warten oder du deine Frage einfach selbst beantworten sollst und fühlst dich extrem unsicher und unwohl. Genau so, geht es deinen Lehrern! Sie werden dir dankbar sein, wenn du den Unterricht am Laufen hältst und sie vor einer peinlichen Stille bewahrst, und sie werden sich merken, wer ihnen geholfen hat.

Außerdem kann man durchaus Spaß daran finden, sich am Unterrichtsgeschehen zu beteiligen. Ok, Spaß ist vielleicht etwas hochgegriffen, aber es ist zumindest weniger langweilig als das unendliche Warten auf den erlösenden Gong, der die Stunde beendet. Wenn du mitmachst, kannst du dich immerhin etwas ablenken, sodass sich die Zeit nicht wie Kaugummi zieht. Das ist mir auch während meines ersten Ferienjobs aufgefallen. Ich arbeitete in einem Ersatzteillager und war für das Verpacken von Ersatzteilen zuständig. Immer, wenn ich auf neue Ersatzteile warten musste und nichts zu tun hatte, schaute ich unentwegt auf die Uhr und die Zeit schien sich über mich lustig zu machen, weil sie einfach nicht vorbei gehen wollte! Andere Kollegen freuten sich, da sie nun kurz nicht arbeiten mussten und standen mit einem Lächeln im Gesicht starr neben ihrem Regal. Cool, bezahlt werden fürs Nichtstun!

Aber hast du mal überlegt, was es bedeuten würde, wirklich fürs Nichtstun bezahlt zu werden? Angenommen, ich gäbe dir 80€ dafür, dass du acht Stunden lang rein Garnichts machst, würdest du das Angebot annehmen? Beachte, dass du wirklich NICHTS machen darfst, um dich abzulenken, außer vielleicht auf deinem Stuhl rumzurutschen, wie man es in der Schule macht, wenn einem mal wieder langweilig ist. 10€ pro Stunde ist mehr als der Mindestlohn und hey, du müsstest ja nichts dafür machen, buchstäblich nichts!

Ich denke du siehst ein, worauf ich hinauswill: Nichts zu tun lässt die Zeit langsamer umgehen, als etwas zu tun, auch wenn man nicht unbedingt Spaß an der Sache an sich hat.

Generell solltest du es als große Chance ansehen, dich zu melden, vor allem, wenn sich niemand sonst aus deiner Klasse auf eine Frage hin meldet. Wenn du dich dann meldest und die Antwort weißt, ist das ein unleugbares Argument dafür, dass du auf dem Weg zum Klassenbesten bist. Mit dieser Vorgehensweise kannst du dann in der Notenbesprechung überzeugen!

Ein weiterer wichtiger Punkt ist, dass du versuchen musst ein Gespür dafür zu kriegen, was deine Lehrer hören wollen. Das gilt natürlich nicht für Fragen, auf die es nur eine richtige Antwort gibt, wie es in Mathe meist der Fall ist, sondern mehr für die, in denen du nach deiner Meinung gefragt wirst. Wenn du beispielsweise in Religion einen konservativen Lehrer hast, der durch viele Aussagen schon bewiesen hat, dass er extrem gläubig ist und keine zwei Meinungen zulässt, dann machst du dich nicht beliebt, indem du sagst, dass Gott deiner Meinung nach nicht existiere. Er wird es als negativ auffassen und nicht als produktiven und durchaus berechtigten Beitrag. Deshalb überlege genau, ob du deinen Lehrern eventuell mit deiner Aussage auf den Schlips treten könntest. Auch Lehrer haben Überzeugungen, von denen sie nicht abweichen werden und welche sie im Falle einer Herausforderung aggressiv verteidigen.

Es geht in diesem Fall nicht darum das Richtige zu sagen, sondern das, was dir eine gute Note einbringen wird. Und das ist nun einmal das, was der Lehrer für richtig hält. Auch das ist eine der unfairen Schulregeln und es hat viele Jahre und Enttäuschungen gekostet, bis ich mich damit abfinden konnte. Man muss einfach einsehen, dass die Lehrer am längeren Hebel sitzen. Sie machen die Noten, sie machen die Regeln im Unterricht, sie setzen diese Regeln um und sie bestrafen diejenigen, die sich nicht an ihre Regeln halten. Das Lehrerdasein hat schon etwas Diktatorisches, wenn man es so betrachtet.

Darüber hinaus haben Lehrer häufig Vorlieben, sei es für eine bevorzugte mathematische Vorgehensweise, oder für bestimmte Formulierungen in den Sprachen. Wenn du diese Vorlieben in deinen Klausuren berücksichtigst, hast du Extrapunkte sicher. Meine Englischlehrerin aus der Oberstufe liebte beispielsweise das Wort *„particular“* und außerdem überleitende Satzanfänge, wie „moreover“, „furthermore“, oder „additionally“. Also brachte ich sie in jede Klausur ein, was meine Noten merklich verbesserte. So etwas ist natürlich wieder von Lehrer zu Lehrer anders und manchmal muss man auch zwischen den Zeilen lesen, um zu erkennen, was der jeweilige Lehrer favorisiert. Eine gute Variante das herauszufinden ist, sich die Klausur des/der

Klassenbesten auszuleihen und auf ihre Vorgehensweise zu achten. Welche Worte benutzen sie häufig? Ist ein gewisser Schreibstil erkennbar, beispielsweise ein übertrieben sachlicher? Haben sie viel oder eher wenig geschrieben? All das sind Indikatoren, die Aufschluss über die Präferenzen der Lehrer geben und sollten unbedingt wahrgenommen werden!

Zusammenfassung:

- Nerve deine Lehrer nicht mit Schwätzen oder sonstigen Störungen des Unterrichts
- Versuche aufmerksam zu wirken und halte so oft, wie möglich Augenkontakt
- Mach im Unterricht so gut, wie möglich mit, damit du zuhause weniger lernen musst
- Melde dich, wenn du Fragen hast
- Helfe den Lehrern während der Stunde und halte den Unterricht am Laufen
- Finde heraus, wie deine Lehrer ticken und was sie hören wollen, damit du ihnen die Antworten geben kannst, die sie hören wollen

Nach dem Unterricht

Was gibt es nach fast jeder Unterrichtsstunde? Richtig, die allseits verhassten Hausaufgaben! Natürlich ist es frustrierend, dass man gezwungen wird, sich auch in seiner Freizeit mit Schulstoff zu beschäftigen. Allerdings musst du anfangen, Hausaufgaben auch als eine Chance zu sehen. Vor allem, wenn du in einem Fach an sich eher schwach bist sind Hausaufgaben ein tolles Mittel, um deine mündliche Note zu pushen und vielleicht wieder ein bisschen Gefallen an dem Fach zu finden.

Als ich in der siebten Klasse war, verabscheute ich zum Beispiel das Fach Französisch und ich war auch alles andere als gut darin. Dann, nachdem wir mal wieder einen Haufen Hausaufgaben bekommen hatten und ich nicht wusste, wie ich sie lösen sollte, nahm sich meine ältere Schwester mir an und half mir.

Zusammen lösten wir die Hausaufgaben nahezu perfekt (was natürlich ausschließlich meiner Schwester zu verdanken war) und ich ging mit einem guten Gefühl in die nächste Französischstunde. Als am Anfang dieser Stunde dann die Hausaufgaben besprochen wurden, meldete ich mich so häufig, wie im letzten halben Jahr zusammen nicht. Das bemerkte natürlich auf meine damalige Lehrerin, die mich nach dem Unterricht für mein außerordentliches Engagement lobte. Ich konnte mit ihr aushandeln, dass, wenn ich auch in der nächsten Stunde so gut mitmache, ich eine mündliche 1 eingetragen bekäme. Das motivierte mich natürlich enorm und führte dazu, dass ich dieses Mal mit einem etwas anderen Gefühl an meine Französischhausaufgaben ging. Plötzlich sah ich sie nicht als einzige Qual, sondern als Herausforderung und Möglichkeit meine Noten zu verbessern. Als ich in der folgenden Stunde wieder gut mitmachte, löste meine Lehrerin ihr

Versprechen ein und gab mir eine mündliche Eins, meine bis dato erste in Französisch.

Durch dieses Erfolgserlebnis motiviert, änderte sich unbewusst meine Einstellung zum Fach Französisch. Zugegeben, ich war immer noch nicht scharf auf den Französischunterricht und konnte mir tausend schönere Dinge vorstellen, als meiner Französischlehrerin zuzuhören, aber immerhin hasste ich es nicht mehr so, wie noch einige Unterrichtsstunden zuvor. Auch meine Noten wurden von da an besser. Stand ich am Anfang noch auf einer schlechten 4, schaffte ich es, das Halbjahr noch mit einer 3 zu beenden. Im folgenden Jahr packte ich sogar eine 2! Das wäre für mich ein Jahr vorher noch undenkbar gewesen. Du merkst also, dass man mit dem Erledigen der Hausaufgaben viel erreichen kann.

Es kann natürlich sein, dass du aufgrund von Lücken nicht in der Lage bist deine Hausaufgaben alleine zu lösen, so wie es bei mir war. In diesem Fall solltest du unbedingt jemanden um Hilfe bitten, sei es deine Schwester, deinen Bruder, deine Eltern oder einen Nachhilfelehrer, weil du sonst den Anschluss verlierst! Es ist keine Schande um Hilfe zu fragen, es ist sogar ein wichtiger Schritt in deinem Entwicklungsprozess. Man wird in seinem Leben immer wieder vor Problemen stehen, die man alleine nicht lösen kann, weshalb man früh die Scheu verlieren sollte, andere um Beistand zu bitten.

Ein weiterer wichtiger Grund dafür, warum du deine Hausaufgaben machen solltest ist, dass sich neben deiner Einstellung dem Fach gegenüber selbstverständlich auch dein Wissen in diesem Fach verbessern wird. Die Lehrer geben dir ja im Allgemeinen keine Hausaufgaben auf, um dich zu quälen, sondern, um dich den gelernten Stoff wiederholen zu lassen, damit du ihn dir besser merken kannst. Wenn du deine Hausaufgaben regelmäßig machst, musst du folglich auch viel weniger für die Klausuren lernen. Über diesen Punkt werde ich hier aber nicht weiter ausschweifen, da ich genau weiß, dass jeder Lehrer die Bedeutung von Hausaufgaben in dieser Hinsicht bereits ausgiebig predigt.

Wie ich eben gezeigt habe, ist es sehr wichtig, seine Hausaufgaben gewissenhaft zu machen, um sich den Stoff einzuprägen und somit auch während des Unterrichts mitmachen zu können. Was jedoch, wenn man sie mal nicht gemacht hat? Egal, ob die Mutter krank war, die Freundin Geburtstag hatte oder man es schlicht und einfach vergessen hat, sowas passiert jedem ab und zu. In diesem Fall ist es wieder wichtig, dass du deine Lehrer analysierst und einzuschätzen lernst. Wie reagieren sie, wenn du sagst, dass du deine Hausaufgaben vergessen hast? Überprüfen sie, ob jeder seine Hausaufgaben gemacht hat, indem sie durch die Reihen laufen und sie sich diese zeigen lassen? Hier kann dir auch meine Lehrertypenanalyse weiterhelfen, die du im späteren Kapitel „verschiedene Lehrertypen“ findest. Abhängig davon, wie du deine Lehrer einschätzt gibt es nun folgende Möglichkeiten:

1. Du beißt in den sauren Apfel und sagst ihnen, dass du deine Hausaufgaben vergessen hast. Damit bist du zumindest ehrlich, was manche Lehrer extrem schätzen und eventuell sogar noch loben werde- vor allem, wenn andere, die ihre Hausaufgaben vergessen haben es nicht sagen und erwischt werden. Allerdings vermittelt es natürlich, dass du dich nicht für das Fach interessierst oder faul bist und diesen Eindruck wollen wir ja gerade vermeiden.

2. Du wartest erstmal ab, wie die Hausaufgabenbesprechung läuft. Damit

riskierst du natürlich, dass die Lehrer dich erwischen, was schlimmer ist, als wenn du es zugegeben hättest. Es ist nämlich in gewisser Weise ein Vertrauensbruch es nicht vorher zu beichten. Dazu kommt noch, dass du dich während der Hausaufgabenbesprechung nicht mündlich beteiligen kannst, was sich schlecht auf deine mündliche Note auswirkt. Das ist also leider auch keine vielversprechende Lösung.

3. Wenn deine Lehrer vor der Hausaufgabenbesprechung nicht fragen, wer seine Hausaufgaben vergessen hat, kannst du auch so vorgehen: Du beteiligst dich während der Hausaufgabenbesprechung nicht (kannst du ja auch schlecht) und gehst am Ende der Stunde zu deinen Lehrern und erklärst ihnen unter vier Augen,

dass du deine Hausaufgaben nicht gemacht hast und deswegen nicht bei der Hausaufgabenbesprechung mitmachen konntest. Du kannst für deine Vergesslichkeit natürlich eine gute Ausrede erfinden, aber Lehrer sind auch nicht dämlich und erkennen Ausreden als solche normal sehr schnell. Damit baust du Vertrauen auf, da du aus freien Stücken nach der Stunde, in der dein Lehrer ja nicht bemerkt hat, dass du deine Hausaufgaben vergessen hast, zu ihm gehst und es ihm beichtest. Das war meine persönliche Lieblingsmethode, ist aber, wie gesagt, immer vom Lehrertyp abhängig. Bei einem extrem strengen Lehrer, der äußerst großen Wert auf die Erledigung der Hausaufgaben legt, würde ich es auch nach der Stunde lieber für mich behalten.

4. Du kannst in die Hausaufgaben deines Banknachbarn schauen, wenn der sie gemacht hat. Das erweckt allerdings einen schlechten Eindruck bei den Lehrern, die das oft merken und außerdem ist es unfair deinem Klassenkameraden gegenüber, wenn du seine Lorbeeren abstaubst, indem du seine Antworten vorliest. Außer, wenn du vom Lehrer unfreiwillig drangenommen wirst, sollte man nie auf die Antworten des Banknachbarn zurückgreifen!

Abgesehen von den Hausaufgaben, kannst du direkt nach dem Unterricht jedoch noch mehr machen.

Eine sehr gute Methode, um zu zeigen, dass du ambitioniert und kritikfähig bist ist es, direkt nach dem Unterricht zu deinen Lehrern zu gehen und sie höflich zu fragen, wie sie deine Mitarbeit in den letzten Stunden einschätzen. Damit zeigst du, dass du dir durchaus Gedanken über deine mündliche Note machst und veranlasst deine Lehrer dazu das ebenfalls zu tun. Das ist natürlich besser, als wenn deine Lehrer eines Abends kurz vor dem Notenschluss daheimsitzen und vielleicht das erste Mal über dich und deine mündliche Note nachdenken. Wenn du dich also nach einem Feedback über deine mündliche Mitarbeit erkundest, solltest du in den letzten Stunden immer gut mitgemacht haben, da diese Stunden psychologisch gesehen viel stärker ins Gewicht fallen, als weiterzurückliegende. Dass du gut mitmachst, willst du ihnen ja gerade vor Augen führen.

Nachdem deine Lehrer deine Mitarbeit im Folgenden bewertet und dir ihre Sicht kundgetan haben, kannst du sie noch fragen, wie du deine Mitarbeit noch verbessern kannst.

Das ist ein cleverer Schachzug, weil du einerseits deinen Ehrgeiz unterstreichst und andererseits deine Lehrer erneut zum Nachdenken anregst, was sie noch mehr von einem Schüler erwarten können. Diese Vorschläge kannst du dann in den folgenden Stunden versuchen umzusetzen. Ich erinnere mich, dass ich meine Deutschlehrerin in der 11. Klasse einmal gefragt habe, was ich verbessern müsste, um anstelle von 13 Punkten mündlich 14 oder 15 zu bekommen. Nach kurzem Überlegen antwortete sie, ich müsse noch fächerübergreifender denken und Verknüpfungen zu anderen Fächern herstellen. Die Absurdität dieser Aussage mal außer Acht gelassen, stellte ich in den nächsten Stunden immer wieder Zusammenhänge zu anderen Fächern her (auch, wenn diese zum Teil wirklich komplett an den Haaren herbeigezogen waren). Daraufhin hatte meine Deutschlehrerin letztendlich keine andere Wahl mehr, als meine mündliche Note nach oben zu korrigieren, da ich ihren einzigen Verbesserungsvorschlag umgesetzt hatte.

Du kannst das auch wunderbar in Notenbesprechungen einsetzen, wie ich später im gleichnamigen Kapitel erklären werde. Selbstverständlich fragst du nicht jeden Tag deine Lehrer nach einem Feedback und Verbesserungsvorschlägen, sondern nur alle paar Wochen, weil du sie sonst nerven würdest.

Zusammenfassung:

- Mache deine Hausaufgaben regelmäßig und sorgfältig! Damit kannst du im Unterricht gut mitmachen, verärgerst deine Lehrer nicht und gewinnst vielleicht sogar wieder etwas Spaß an dem Unterrichtsfach
- Wenn du deine Hausaufgaben nicht alleine lösen kannst, suche dir Hilfe
- Im Falle, dass du deine Hausaufgaben doch einmal vergessen hast, beachte die vier Möglichkeiten, die ich dir aufgezeigt habe, aus denen du, je nach Lehrer, die Richtige aussuchen musst
- Gehe alle paar Wochen nach dem Unterricht zu deinen Lehrern und frage nach einem Feedback zu deinen schulischen Leistungen, sowie nach Vorschlägen, wie du deine Noten noch verbessern kannst

Präsentationen

Präsentationen sind ein nicht zu vernachlässigender Teil im Schulalltag. Immer mal wieder wird man von den Lehrern genötigt, über ein Thema zu referieren, das einen überhaupt nicht interessiert. Von Würmern über alte Schriftsteller bis hin zu Friedenskonferenzen längst vergangener Zeiten kann da wirklich alles dabei sein. Manchmal lassen die Lehrer dich sogar gnädiger Weise das Referatsthema selbst aussuchen- aber nur, wenn es zum aktuellen Stoff passt!

Mindestens genauso wichtig, wie der Inhalt ist bei Präsentationen jedoch die Art und Weise WIE du vorträgst. Du kannst eine inhaltlich atemberaubende PowerPoint Präsentation haben und trotzdem eine schlechte Note bekommen, wenn du nicht gut referierst.

Deshalb ist es wichtig zu wissen, worauf es beim Referieren ankommt. Sobald du das begriffen hast und im Stande bist es umzusetzen, wirst du nie wieder Probleme damit haben ein Referat zu halten.

In der achten Klasse hielt ich ein Referat mit meinem besten Freund über Maikäfer. Soweit so gut, allerdings hatte ich alleine die Präsentation erstellt, da wir es nicht auf die Reihe gebracht haben, uns wegen des Referats zu treffen. Also gingen wir in die Präsentation, für meinen Kumpel war das Thema und die Präsentation genauso neu, wie für meine anderen Mitschüler, und verkauften es, als hätten wir das Referat über Wochen erarbeitet und einstudiert. Ich gebe zu, ich kam etwas ins Schwitzen, als mein Kumpel mir in der Fragerunde nach der Präsentation das Wort nahm auf einmal themenspezifische Antworten gab, von denen ich wusste, dass sie so nicht stimmten. Jedoch viel es unserem Publikum, darunter natürlich auch der Lehrerin, überhaupt nicht auf, weswegen wird letzten Endes eine sehr gute Note eingetragen bekamen.

Die Fähigkeit gut präsentieren zu können hilft dir nicht nur bei den obligatorischen Referaten, die dir von deinen Lehrern aufhalst werden, sondern natürlich auch bei solchen, die du freiwillig hältst. Du hast mich richtig verstanden. Ein Referat zu halten ist nämlich ein einfacher Weg, deine mündliche Note aufzubessern, der fast mit Garantie funktioniert. Außerdem zeigst du erneut Engagement deine Noten verbessern zu wollen, was den Lehrern gefällt.

Obwohl ein Referat etwas Zusatzarbeit verlangt, ist es jedoch viel weniger, als du dir jetzt wahrscheinlich vorstellst. Du musst keine perfekte Präsentation erstellen, was zugegebenermaßen wirklich Stunden dauert, sondern einfach eine durchschnittliche Präsentation gut verkaufen. So eine durchschnittliche Präsentation lässt sich für gewöhnlich im Handumdrehen erstellen. Die durchschnittliche Zeit, die ich für ein Referat aufgewendet habe, liegt schätzungsweise bei einer halben Stunde. Du öffnest PowerPoint, suchst dir irgendeinen Entwurf aus und kopierst die entsprechenden Beiträge zu deinem Thema, die du im Internet findest, in die PowerPoint Präsentation. Die Internetseiten, von denen du etwas kopiert hast, gibst du natürlich in den Quellen an, damit dir niemand vorwerfen kann, dass du geistiges Eigentum stiehlst. Daraufhin schreibst Du den Text, den du eben in deine Präsentation kopiert hast, kurz um (zum Beispiel einfach die Satzstellung ändern) und schon bist du fast fertig!

Wichtig sind bei jedem Referat jedoch der Anfang und der Schluss, weshalb du hierauf Dein Hauptaugenmerk richten solltest. Viele Lehrer mögen es nicht, wenn man sein Referat mit den Worten „Heute halte ich ein Referat über ..." startet. Überlege dir deshalb einen Einstieg mit dem du dein Referat einleitest.

Einstiegsmöglichkeiten für Referate

Eine gute Variante ist es, ein oder mehrere Bilder zu deinem Thema zu zeigen, womit du einfach die erste Seite deiner PowerPoint Präsentation füllst. Wenn du zum Beispiel ein Referat über Pinguine hältst, zeigst du Bilder von Pinguinen und fragst in die Runde, ob jemand weiß, welcher Gattung diese angehören. So bindest du automatisch die Klasse mit in dein Referat ein und gestaltest es dadurch in gewissem Maße interaktiv, was deinen Lehrern mit Sicherheit gefallen wird. Du kannst außerdem vor deinem Referat einem Klassenkameraden die Lösung mitteilen und absprechen, dass sich dieser auf deine Frage hin melden soll, wenn es kein anderer tut, um eine peinliche Stille zu vermeiden. Ich habe übrigens tatsächlich in der 7. Klasse mein Referat über Pinguine im Biologieunterricht so begonnen, was großen Anklang bei meiner damaligen Lehrerin gefunden hat.

Natürlich kannst du auch ein Video zeigen, das sich auf dein Thema bezieht. In einem Referat über die Gleichberechtigungsbewegung der Afroamerikaner in den USA zeigte ich beispielsweise zu Anfang die berühmte Rede Martin Luther Kings „I have a dream“, um mit meiner Präsentation zu starten. Es ist so einfach, da du ja nichts tun musst, außer auf Play zu drücken und zu warten, bis das Video zu Ende ist. Auch hier kannst du anschließend Fragen zu dem Video an die Klasse richten.

Meine Lieblingsmethode ein Referat einzuleiten ist jedoch der Witz. Allein das klingt schon lachhaft, ich weiß, und erfordert sicher auch ein bisschen Mut, aber für gewöhnlich gefällt es den Lehrern sehr gut. Es lockert die verkrampfte Stimmung während eines Referats auf und ist ein guter Weg ins Referat zu finden. Falls Dir spontan kein Witz zu deinem Thema einfällt, suche doch einfach mal im Internet. Du wirst überrascht sein, wie viele Witze es zu den absurdesten Themen gibt. Als ich beispielsweise ein Referat über Ecstasy halten musste, entschied ich mich für einen Witz, in welchem ein Ecstasy abhängiger Hase durch den Wald rennt und andere Waldtiere dazu überredet, keine Drogen mehr zu konsumieren. Nach dem Unterricht nahm mich mein Lehrer zu Seite und lobte mich für diesen humorvollen und kreativen Einstieg.

Wie bereits erwähnt, ist neben dem Einstieg auch das Ende deiner Präsentation sehr wichtig, da es der letzte Eindruck ist, den dein Referat hinterlässt. Hierfür eignet es sich gut, auf den Einstieg zurückzukommen und somit eine Art Rahmen um dein Referat herum zu bilden. Du könntest also die erste Folie deiner Präsentation mit der du eingestiegen bist einfach auch als letzte Folie verwenden und noch ein paar abschließende Worte zu deinem Thema sagen. Damit sparst du dir erstens den Aufwand eine Abschlussfolie zu erstellen und hast zweitens trotzdem einen gelungenen Schluss.

Ich habe noch während meiner Schulzeit eine Diskussion darüber mitbekommen, ob es angebracht ist am Ende eines Referats den Zuhörern für ihre Aufmerksamkeit zu danken, oder nicht. Eine ehemalige Mitschülerin brachte dabei das Argument vor, dass die Zuhörer in der Klasse ja sowieso nicht, oder nur kaum, zuhören würden und man sich deshalb nicht für ihre Aufmerksamkeit bedanken müsse. Außerdem sei es veraltet, sich am Ende eines Referats bei den Zuhörern zu bedanken. Obwohl ich nie infrage stellen würde, dass die meisten in der Klasse wohl wenig Interesse an dem Referat gehabt und dementsprechend wohl auch kaum zugehört haben werden, würde ich dir trotzdem empfehlen, dich für ihre Aufmerksamkeit zu bedanken. Nicht, weil du wirklich dankbar bist, sondern, weil es wieder einen guten Eindruck bei den Lehrern macht. Wenn du es nicht machst, ist das zwar nicht schlimm, aber denke daran: Du willst deinen Lehrern ein sympathisches Bild von dir vermitteln und das setzt sich nun mal, wie ein Mosaik, aus kleinen Teilen zusammen.

Genug davon, wie man seine Präsentation vorbereiten sollte! Wie präsentiere ich jetzt richtig?

Ein sehr wichtiger Punkt ist hier die Rhetorik, weil sie maßgeblich dazu beiträgt, wie du „rüberkommst". Hast du Angst vor dem Sprechen vor der Klasse? Versuchst du, dich hinter deinen Notizen zu verstecken, spielst nervös mit den Händen oder sprichst mit einer hohen Piepsstimme? Nun ja, das ist genau das, was du nicht machen sollst! Ich weiß, jemandem zu sagen er soll nicht aufgeregt sein, bringt in der Regel nicht viel. Aber es gibt Mittel und Wege, um seine Aufregung zu kontrollieren.

Ein Weg, der mir sehr geholfen hat, habe ich während des Tennisspielens gefunden. Ich war immer sehr nervös vor dem Aufschlag und vermasselte ihn deshalb häufig in wichtigen Spielmomenten. Deshalb blickte ich während eines Spiels vor einem Aufschlag kurz nach oben in den Himmel und schaute mir die Wolken an. Anschließend schloss ich meine Augen und stellte mir vor, dass meine Angst und Aufregung, wie die Wolken einfach vorbeiziehen. Ich konzentrierte mich auf meinen Atem und wurde ruhig. Daraufhin brachte ich einen Aufschlag zustande, der sogar noch besser war, als ich es erwartet hatte. Versuche auch du diese Methode, wenn du nervös bist. Schließe deine Augen und stelle dir vor, wie all deine Sorgen und deine Aufregung wie Wolken vorbeiziehen, bis nur noch der klare, blaue Himmel zu sehen ist. Achte dabei auf eine ruhige und gleichmäßige Atmung durch deinen Bauch. Rufe dir deine Stärken und dein Wissen ins Gedächtnis und mache dir klar, dass du gut vorbereitet bist. Diese kleine Meditation wird dir dabei helfen ein bisschen ruhiger und auch selbstsicherer zu werden.

Ein weiterer wichtiger Punkt im Kampf gegen die Aufregung ist es, dein Referat vorher zu üben. Wenn du deine Präsentation zuhause bereits ein-, zweimal vor deiner Familie oder deinen Freunden vorgetragen hast, wirst du zum einen weniger aufgeregt sein und zum anderen auch sicherer, was den Ablauf deines Referats angeht. Außerdem wirst du feststellen, ob irgendetwas in deinem Vortrag noch nicht passt und du kannst ihn eventuell noch überarbeiten. Tatsächlich proben die wenigsten ihr Referat vor dem Ernstfall und das kostet sie wertvolle Punkte!

Wenn es dann soweit ist und du deine Präsentation anfängst, achte darauf, dass du geradestehst und deine Hände im sogenannten *aktiven Bereich* hältst, also etwas über dem Gürtel, aber unter der Brust.

Wenn du krumm dastehst und deine Arme schlaff am Körper hängen lässt, sieht das nicht gerade selbstbewusst aus und du wirkst weniger überzeugend. Es zeigt deinem Publikum, dass du unsicher bist und sie werden es auf mangelndes Fachwissen zurückführen. Allerdings sollst du auch nicht mit den Händen in Kopfhöhe oder sogar darüber herumfuchteln, weil das wenig professionell und im schlimmsten Fall sogar lächerlich aussieht.

Des Weiteren solltest du, wenn überhaupt, nur kleine Notizblätter haben und nicht versuchen, dich dahinter zu verstecken. Generell ist es besser nur Stichpunkte aufzuschreiben, sodass du nicht in Versuchung kommst einfach alles abzulesen. Notizblätter sind nur dafür da, einen kurzen Blick darauf zu werfen, wenn du den Faden verloren hast. Ich persönlich hatte in keinem einzigen Referat einen Notizzettel, da sie mich eher verunsicherten, als mir zu helfen. Ich las mir vor der Präsentation noch einmal den Inhalt durch und dann ging's los! Und wenn ich mal etwas vergessen hatte, das ich eigentlich erwähnen wollte, tat ich einfach so, als wäre alles geplant und ich hätte das mit Absicht weggelassen. Hier gehört natürlich auch wieder ein selbstbewusstes Auftreten dazu und es schadet auch sicher nicht, wenn deine Lehrer denken, dass du prinzipiell Ahnung von dem hast, was du erzählst. Dann werden sie dir nämlich glauben!

Ganz wichtig ist es, dass du laut und deutlich sprichst, damit die ganze Klasse dich verstehen kann. Das ist ein Punkt auf den die Lehrer extrem viel Wert legen, weshalb du lieber zu laut als zu leise reden solltest. Gut ist auch, wenn du an der einen oder anderen Stelle mit deiner Lautstärke variierst. Das erzeugt eine gewisse Spannung und erhöht die Aufmerksamkeit des Auditoriums. Versuche so viel Selbstvertrauen, wie möglich in deine Stimme zu legen, um deine Zuhörer von deiner Kompetenz zu überzeugen. In einem Politik- und Wirtschaftsreferat erinnere ich mich, dass ich trotz meiner fachlichen Unsicherheit in vielen Punkten versuchte mich selbstbewusst zu geben. Das gelang offenbar, denn es kamen wenige Nachfragen und ich bekam letztendlich 15 Punkte auf mein Referat.

Hinzu kommt, dass du, während du referierst, durch die Reihen deiner Mitschüler blicken solltest und nicht an die Decke, die Wand oder auf den Boden. In einem vorherigen Kapitel habe ich dir bereits erklärt, warum Blickkontakt so wichtig ist. Hier versuchst du zwar keine Beziehung zu deinen Mitschülern aufzubauen, allerdings willst du einen ihnen zugewandten Eindruck machen, so als würde dir wirklich etwas daran liegen, dass sie dir zuhören. Als Referent nimmst du die Rolle als Informationsvermittler ein und sollst dafür sorgen, dass deine Zuhörer etwas aus deinem Vortrag mitnehmen und Augenkontakt lässt dich dabei schon ziemlich engagiert aussehen.

Da es beim Referat darauf ankommt, welchen Eindruck du vermittelst, spielt es natürlich auch eine Rolle, wie du aussiehst. Achte deshalb auch auf deine Kleidung. Zerrissene Jeans und ein Tang Top sind hierbei genauso wenig angebracht, wie ein Nadelstreifenanzug. Du solltest dich zwar etwas förmlicher kleiden als sonst, vielleicht ein Hemd und eine gute Jeans anziehen, aber auch nicht übertreiben. Zu meiner Schulzeit zog ich für Präsentationen gerne eine gute Jeans, ein schlichtes T-Shirt und ein sportliches Jackett darüber an. Damit setzte ich durch mein Jackett ein kleines Ausrufezeichen und sah trotzdem nicht übertrieben rausgeputzt aus.

Schlussendlich bleibt noch die Mimik und Gestik. Das ist schon eher was für Fortgeschrittene, weil es einiges an Übung benötigt, Aussagen mit deiner Mimik und Gestik zu verdeutlichen und zu untermalen. Vor allem, wenn man es zum ersten Mal macht, kommt man sich hierbei komisch vor, was dich allerdings nicht davon abhalten sollte, es zu probieren. Zur Mimik und Gestik gibt es übrigens auch viele Videos im Internet, falls du überhaupt keine Ahnung haben solltest, wie man sie einsetzt. Übertreibe es allerdings nicht, denn es wird kein Lehrer erwarten, dass du deine Mimik und Gestik perfekt einsetzt. Sie werden schon erfreut sein, wenn du es überhaupt versuchst.

Zusammenfassung:

- Referate sind ein gutes Mittel, um deine mündliche Note zu verbessern
- Referate zu erstellen muss nicht lange dauern
- Es ist wichtig einen guten Einstieg und einen guten Schluss zu haben
- Deine Vortragsweise ist ungefähr genauso wichtig, wie Der Inhalt, den du vermittelst
- Versuche deine Aufregung durch die von mir vorgeschlagene Meditation zu zügeln und übe dein Referat vorher vor dem Spiegel oder Bekannten
- Halte während deines Vortrags deine Hände im aktiven Bereich, stehe gerade und sprich laut und deutlich
- Benutze, wenn überhaupt, nur kleine Notizblätter mit Stichpunkten

- Halte Blickkontakt mit deiner Klasse während du referierst und ziehe dich etwas förmlicher an, als sonst
- Versuche mit deiner Mimik und Gestik deine Aussagen zu untermalen

Klausuren

Klausuren sind zugegebenermaßen ein schwieriges Thema. Du hast allerdings den Vorteil, wenn du dich an meine bis jetzt geschilderten Tipps hältst, dass du weniger oder gar nichts lernen musst, weil du im Unterricht gut aufgepasst hast. Manche Lehrer fragen stur Fakten ab und lassen nur eine einzige Lösung zu. Da kann man dann leider, neben im Unterricht aufpassen, wirklich nichts anderes machen, als sich hinzusetzten und zu lernen, wenn das einem eine richtig gute Note wert ist. Ich muss eingestehen, dass es genau diese Art von Klausuren war, die mich letztendlich den 1,0 Schnitt gekostet haben. Unwillig zu lernen sind dann halt auch selten Bestnoten in diesen Klausuren für mich herausgesprungen. Eines sollte dir allerdings Mut machen: Ich hatte trotz dieser Klausuren einen Abiturschnitt von 1,2, was schon ziemlich nahe an 1,0 ist! Daraus folgt, dass es auch viele Klausuren gibt, für die man nicht, oder zumindest nur wenig lernen muss. Ich kann mich an keine Klausur während meiner ganzen Oberstufe erinnern, für die ich mich mehr als an zwei Abenden hingesetzt habe. Für fast alle fing ich sogar erst am Abend vor der Klausur an zu lernen. Wie hat das funktioniert?

Nun, einen Grund habe ich bereits genannt. Dadurch, dass ich im Unterricht aufpasste, wusste ich über das Klausurthema einigermaßen Bescheid. Es gab nichts, was mich total überraschen konnte, was bei meinen Klassenkameraden, die während des Unterrichts nicht zugehört hatten, konstant anders war. „Was? Das haben wir nie behandelt, das können wir doch gar nicht wissen!“, sind typische Aussagen, die wahrscheinlich jeder schon einmal gehört oder sogar selbst von sich gegeben hat.

Unglücklicherweise behalten die meisten damit unrecht oder es ist den Lehrern zumindest egal.

Ein weiterer Grund war, dass ich in den Stunden vor der Klausur immer besonders darauf geachtet habe, ob die Lehrer vielleicht Andeutungen machen, was in der Prüfung abgefragt wird. Öfter als du jetzt vermutlich denkst, geben dir Lehrer diesbezüglich kleine Hinweise, die du allerdings auch bemerken musst. „Schaut euch die Seite xx im Buch nochmal an“, „wiederholt nochmal die binomischen Formeln“, das sind alles Aussagen, die dir fast garantieren, dass dieser Stoff in der Prüfung abgefragt wird. Lege deshalb dein Augenmerk genau auf diese Hinweise, wenn du dir deine Unterlagen vor der Klausur noch einmal durchliest.

Sollten deine Lehrer keinerlei Andeutungen machen, kannst du sie auch explicit fragen, was du dir genauer anschauen solltest. Die meisten

Lehrer werden dir zumindest daraufhin aufschlussreiche Tipps geben.

Wie bereits erwähnt war ich ein großer Fan davon, den Stoff am Abend vor der Klausur durchzulesen, damit ich noch eine Nacht darüber schlafen konnte. Dieser Schlaf ist sehr wichtig, weil dein Gehirn währenddessen die Informationen verarbeitet und abspeichert, die du dir zuvor zu Gemüte geführt hast. Deshalb solltest du dir unmittelbar vor dem Schlafen den Klausurstoff nochmals anschauen und dann ohne Umwege und Ablenkungen ins Bett gehen, damit dein Gehirn während des Schlafs einzig und allein mit den Klausurthemen beschäftigt ist. Im Kapitel Abiturtipps werde ich dir diesbezüglich noch eine weitere Methode an die Hand geben, mit der du dir unglaublich viele Informationen denkbar kurzfristig einprägen kannst.

Wenn du dir jetzt also einen guten Überblick über die Themen verschafft hast, die am wahrscheinlichsten abgefragt werden und du dir diese am Vorabend der Klausur nochmal durchgelesen hast, kommt es nur noch darauf an, wie du in die Klausur gehst. Selbstvertrauen ist, wie schon bei den Präsentationen, auch hier das Schlüsselwort.

Ich weiß aus eigener Erfahrung, wie es ist vor einer Klausur verunsichert zu sein. Man hat Angst, dass man während der Prüfung alles vergisst (der berühmte Blackout) und ist deshalb unglaublich nervös und angespannt. Angst ist jedoch genau das, was du nicht empfinden darfst. Gesunder Respekt vor der Prüfung ist zwar durchaus angebracht, aber niemals Angst. Es ähnelt der Situation vor und während eines Referats. Dafür habe ich dir bereits im Kapitel Präsentationen eine kleine Entspannungsübung gezeigt, die du durchaus auch vor und während den Klausuren anwenden kannst. Tatsache ist jedoch, dass diese Übungen deine Angst wahrscheinlich nicht komplett vertreiben werden, auch wenn sie dir sicherlich helfen, zumindest etwas ruhiger zu werden.

Um deine Angst vollständig abzuschütteln und dich sogar auf die Prüfungen zu freuen, braucht es Erfolgserlebnisse. Diese steigern dein Selbstbewusstsein und vertreiben auf Dauer deine zweifelnden Gedanken. Doch wie kommt man an solche Erfolgserlebnisse? Es gibt mehrere Wege, um sich kleine Erfolgserlebnisse zu verschaffen.

Einer ist mal wieder, im Unterricht gut mitzumachen. Ich weiß, es hängt dir mittlerweile wahrscheinlich zu den Ohren heraus, aber es einfach in vielerlei Hinsicht so wichtig. In dem Moment, da deine Lehrer dich loben, ist das nämlich schon ein kleines Erfolgserlebnis. Es wird dich motivieren und dir auch zeigen, dass du die richtige Antwort wusstest. Wenn dir das mehrfach im Unterricht passiert, wirst du von selbst das Gefühl bekommen, dass du wirklich

Ahnung von diesem Fach hast. Du weißt ja immerhin nicht umsonst die Antworten auf so viele Fragen! Man kann das mit dem Passspiel im Fußball vergleichen: Wenn du einen Pass spielst und er kommt an, ist das sofort ein kleines Erfolgserlebnis, auch wenn es kaum ins Gewicht fällt, da ein einzelner Pass meist unbedeutend ist. Wenn du jedoch hunderte von Pässen an den Mann bringst, trägt das dazu bei, dass man dich als guten Spieler bezeichnet und du wirst auch in Drucksituationen einen kühlen Kopf bewahren können.

Ein weiteres Erfolgserlebnis hängt mit dem Üben zuhause oder mit Freunden zusammen. Kennst du dieses kleine Glücksgefühl, wenn du eine schwere Matheaufgabe gelöst hast oder einen schwierigen Text übersetzt hast? Das ist auch nichts anderes als ein kleines Erfolgserlebnis. Wenn du dich also nicht sicher genug für eine Klausur fühlst, dann mach ein paar Übungen, um dein Selbstvertrauen zu pushen. Es heißt nicht umsonst: „Übung macht den Meister!“.

Das letzte und größte Erfolgserlebnis ist jedoch die Klausur selbst. Solltest du hier eine gute Note schreiben, wird sich dein Selbstbewusstsein in diesem Fach automatisch enorm steigern. Genauso, wie dein Selbstvertrauen im Falle einer schlechten Note, in meiner Fußballmetapher wäre das ein kapitaler Fehlpass der zum Gegentor führt, schwinden wird. Dieses zweiseitige Schwert kann sehr gefährlich sein, weil dir eventuell dein ganzes Selbstvertrauen in einem Fach durch eine schlechte Note geraubt werden kann. Das darfst du allerdings nicht zulassen! Wenn du einmal eine schlechte Note geschrieben hast, dann tue dies als Ausrutscher ab und versuche dir keine großen Gedanken darüber zu machen. Es kann immer einmal passieren, dass die Lehrer äußert gemeine Aufgaben stellen oder man nicht mit den Aufgabenstellungen zurechtkommt. Mit anderen Worten: Jeder spielt mal einen Fehlpass und manchmal auch einen folgenschweren, aber das darf dich nicht runterziehen! Übe das nächste Mal einfach ein bisschen mehr vor der Klausur und gehe mit einem positiven Gefühl und dem Wissen in die Klausur, dass du das Fach beherrschst und eine gute Note schreiben wirst. Immer, wenn du eine gute Note geschrieben hast, versuche dich daran hochzuziehen. Es ist der eindeutige Beweis dafür, dass du gut in diesem Fach bist. du wirst sehen, die Einstellung ist hier sehr wichtig. Viele Menschen machen den Fehler ihre Erwartungen von Anfang an niedrig zu halten, damit sie nicht enttäuscht werden können. Allerdings bekommt man im Leben meistens genau das, was man fordert, nicht mehr und nicht weniger. Wenn du also sagst, dass du mit einer drei vollkommen zufrieden wärst, wirst du höchstwahrscheinlich auch keine bessere Note bekommen. Hierzu gibt es ein genauso schönes wie treffendes Zitat von Jessi B. Rittenhouse:

“I bargained with Life for a penny,
And Life would pay no more,
However I begged at evening
When I counted my scanty store;

For Life is just an employer,
He gives you what you ask,
But once you have set the wages,
Why, you must bear the task.

I worked for a menial's hire,
Only to learn, dismayed,
That any wage I had asked of Life,
Life would have paid.”

— Jessie B. Rittenhouse

Ein guter Weg, um sich zu motivieren ist es, all seine Noten zusammenzutragen. Dafür eignet sich eine einfache Excel Tabelle sehr gut. Trage einfach in die linke Spalte deine Fächer ein und in die oberste Reihe die Art von Note (mündlich, schriftlich und Gesamtnote) und, ob du dieses Halbjahr einbringen musst. Danach brauchst du lediglich deine Noten in die richtigen Felder einzutragen. Natürlich kannst du auch ein Feld erstellen, das dir den Notendurchschnitt ausrechnet. Im Verlauf der Halbjahre kannst du auch halbjahrübergreifende Felder erstellen und damit berechnen, welchen exakten Schnitt du momentan hast. Das ist eine sehr gute Methode, um seine ganzen Noten im Blick zu behalten und sich zu motivieren. Eine einfach erstellte Beispieltabelle, für die du sicher nicht mehr als ein paar Minuten brauchst, könnte beispielsweise wie auf der nächsten Seite aussehen:

Notenspiegel 3.Halbjahr				
	Mündliche Note	Schriftliche Note	Gesamtnote	Einzubringen?
Englisch LK	13	9	11	ja (mal 2)
Biologie LK	14	10	12	ja (mal 2)
Mathe GK	12	10	11	ja
Deutsch GK	13	8	10,5	ja
Erdkunde GK	14	12	13	ja
Religion Gk	13	11	12	ja
Musik GK	13	10	11,5	nein
Sport GK	15	15	15	ja
Politik und Wirtschaft GK	11	8	9,5	nein
Punkteschnitt 3. alle	11,68181818			
Notenschnitt alle	1,769545455			
Punkteschnitt einzubringen	11,94444444			
Notenschnitt einzubringen	1,681111111			
Notenschnitt 1. Halbjahr	1,934			
Notenschnitt 2. Halbjahr	1,848			
Notendurschnitt aller Halbjahre	1,821037037			

Es macht einfach Spaß, wenn man mal wieder eine gute Note eintragen kann. Außerdem fallen dir dadurch Fakten auf, die dir sonst vielleicht entgangen wären. Ich habe beispielweise durch meine Tabelle realisiert, dass ich von Halbjahr zu Halbjahr immer besser geworden bin. Während ich in meinem ersten Halbjahr nur einen Durchschnitt von ca. 1,55 hatte, war er im zweiten schon 1,21. Im dritten war es dann 1,08 und im vierten sogar 0,93! Es ist einfach motivierend seine Leistungen zu verfolgen und es spornt einen an, diese noch zu verbessern.

Zusammenfassung:

- Lerne vor dem Schlafengehen
- Achte auf Andeutungen deiner Lehrer bezüglich der Prüfung und konzentriere dich beim Lernen auf diese Hinweise
- Versuche mit meinen Tipps deine Prüfungsangst zu bändigen und Selbstvertrauen zu Gewinnen
- Dokumentiere deine Noten in einer Tabelle, um dich zu motivieren

Notenbesprechungen

An manchen Schulen gibt es sie, an anderen nicht. Das hängt häufig auch vom jeweiligen Bundesland ab. Allerdings sind die folgenden Tipps und Erklärungen auch dann für dich interessant, wenn es an deiner Schule keine Notenbesprechungen gibt, da es mehr oder weniger einer Verhandlung gleicht und eine gute Vorbereitung für das Gehaltserhöhungsgespräch mit einem späteren Chef ist.

Die Notenbesprechung ist ein Einzelgespräch zwischen dir und deinem Lehrer, das am Ende jedes Halbjahres in jedem Fach stattfindet. In diesem Gespräch teilen dir deine Lehrer mit, welche Note sie dir in diesem Halbjahr eintragen möchten. Diese ist allerdings noch nicht fix, sodass du Möglichkeiten hast, sie zu deinen Gunsten noch zu verändern. Ich habe das immer absurd gefunden, weil du deine ganze Leistung aus einem Halbjahr binnen ca. zwei Minuten maßgeblich verbessern kannst- und das nur durch geschicktes Verhandeln! Deshalb gilt es, sich gut auf diese Gespräche vorzubereiten!

Häufig fragen deine Lehrer dich zum Beispiel, wie du dich selbst einschätzen würdest. In diesem Fall kommt es unverschämt, wenn du dich viel zu gut einschätzt, weil die Lehrer dann sofort wissen, dass du lediglich deine Note hochhandeln willst. Allerdings ist es auch nicht gut, dich zu schlecht einzuschätzen, da deine Lehrer ihre Meinung zu deiner Note dadurch vielleicht noch einmal ändern, frei nach dem Motto: „Wenn der selbst sagt, er war schlechter als ich ihn einschätze, dann habe ich ihn wohl zu gut eingeschätzt". Es gilt also, einen Mittelweg zu finden. Damit meine ich nicht, dass du dich exakt so einschätzen sollst, wie du dich tatsächlich siehst, sondern, dass du dich nur ein bisschen besser einschätzen solltest, als du es in Wahrheit tust. Du musst dir klarmachen, dass die meisten Menschen und somit auch Lehrer, konfliktscheu sind. Sollte also deine Meinung von ihrer nicht allzu weit abweichen, werden sie dir eher zustimmen, als mit dir streiten zu wollen. Wenn du es allerdings übertreibst, werden deine Lehrer dir ihre Meinung unverblümt an den Kopf werfen und auf ihrer Note beharren, weil sie deine Einschätzung als eine Unverschämtheit ansehen.

Wenn du jetzt einen Mittelweg gefunden hast, ist es empfehlenswert Argumente vorzubringen, warum du diese Note verdienst. Du kannst hier beispielsweise anführen, dass du im Unterricht immer gut mitmachst und dich auch dann meldest, wenn es kein anderer tut (deswegen meinte ich im Kapitel „Während des Unterrichts“, dass es empfehlenswert ist, den Lehrern zu „helfen“ den Unterricht am Laufen zu halten). Außerdem kannst du darauf hinweisen, dass du immer deine Hausaufgaben machst und während des Unterrichts nicht störst.

Ein weiteres Argument hast du schon im Kapitel „Nach dem Unterricht“ vorbereitet, indem du die Verbesserungsvorschläge deiner Lehrer bereits umgesetzt hast. Das ist ein sehr gutes Argument, weil es die Lehrer zwingt, sofern sie den Wahrheitsgehalt dieser Aussage nicht bestreiten, einzugestehen, dass du das, was sie von dir verlangt haben, umgesetzt hast und deswegen eigentlich eine bessere Note verdient hast.

Wenn du noch nicht lange im Unterricht gut mitmachst, kannst du des Weiteren so etwas sagen wie: „Sie haben bestimmt bemerkt, dass ich mich in den letzten Stunden enorm gesteigert und sehr gut mitgemacht habe. Daher sind meiner Meinung nach xx Punkte durchaus verdient“. Die Lehrer freuen sich ja, wenn ihre Schüler sich verbessern und sind im Normalfall auch bereit, das zu honorieren.

Du siehst, es geht darum erstmal Argumente dafür zu sammeln, dass deine etwas geschönte Selbsteinschätzung berechtigt ist. Die meisten Lehrer werden dir dann sofort zustimmen, die Notenbesprechung ist vorbei und du hast vielleicht anstatt der 12 Punkte, die du eigentlich verdient hättest, 13 Punkte im Zeugnis stehen. Ein ganzer Notenpunkt, gewonnen durch ein zweiminütiges Gespräch!

Es kann aber natürlich auch sein, dass dir mache Lehrer bezüglich deiner Selbsteinschätzung zunächst widersprechen oder von Anfang an eine Note nennen, die dir nicht zu hundert Prozent gefällt. In diesem Fall musst du vorsichtig sein. Wenn du dich stur oder aggressiv verhältst, schneidest du dir ins eigene Fleisch. Deine Lehrer werden dann vermutlich ein schlechtes Bild von dir bekommen und trotzdem bei ihrer Note bleiben. Gib dich deshalb verständnisvoll, sei immer höflich und erkenne ihre Kritik an. Allerdings solltest du noch einmal, oder zum ersten Mal, falls noch nicht geschehen, die Argumente hervorheben, weshalb du dich so gut eingeschätzt. Abschließend kannst du deinen Lehrern noch mitteilen, dass du weißt, dass sie am längeren Hebel sitzen und letztendlich die Entscheidung treffen und du lediglich deine Meinung vertreten hast. Damit fügst du dich in der Hierarchie deinem Platz als Schüler, der Lehrern nun einmal untergeordnet ist. Hiermit vermeidest du es rebellisch zu wirken, was gerade bei dominanten Lehrern, welche ihre Machtposition gerne demonstrieren, eine wichtige Rolle spielt.

Abschließend kannst du am Ende der Notenbesprechung, wenn deine Note bereits feststeht, fragen, was du in Zukunft noch besser machen kannst, um eine bessere Note zu erzielen. Damit bereitest du schon wieder ein Argument für die nächste Notenbesprechung vor und gibst dich abermals engagiert und ehrgeizig.

Zusammenfassung:

- Eine Notenbesprechung gleicht einer Verhandlung
- Sie ist sehr wichtig, da du in nur wenigen Minuten vielleicht deine Endnote ändern kannst
- Schätze dich vor den Lehrern etwas besser ein, als du dich wirklich siehst
- Bringe Argumente für deine Selbsteinschätzung vor
- Bleibe höflich und verständnisvoll, auch wenn deine Lehrer anderer Meinung sein sollten

Verschiedene Lehrertypen

Wie bereits mehrfach erwähnt, ist es sehr wichtig seine Lehrer gut einschätzen zu können, sei es für die Notenbesprechung oder, um beispielsweise ihre Reaktion auf das Fehlen deiner Hausaufgaben vorauszusagen. Jeder Lehrer ist anders und hat seine Eigenarten, allerdings lassen sie sich doch meist einem der folgenden Typen zuordnen:

Der „Strenge“:

Der Stereotyp des strengen Lehrers ist sehr dominant und lässt sich nicht auf der Nase herumtanzen. Er verteilt häufig viele Hausaufgaben und legt Wert auf eine vollständige Bearbeitung, die er für gewöhnlich auch genau überprüft. Das Vergessen der Hausaufgaben toleriert er nicht und wird es mit

Strafarbeiten oder schlechten mündlichen Noten bestrafen. Außerdem ist er häufig schneller als der Lehrplan, da er von Thema zu Thema hechtet. Er hat hohe Ansprüche an seine Schüler, weswegen auch seine Klausuren eher schwierig sind. Dafür erklärt er den Stoff allerdings gut. Sein Lieblingsschüler ist ruhig, extrem strebsam und lernwillig. Er hat eine klare Vorstellung, welche Noten er seinen Schülern geben will und wird davon nur selten abweichen. Hier gilt: Auf keinen Fall mit dem Verhandeln übertreiben! Bleibe sachlich und erkläre nüchtern, weshalb du denkst einen Notenpunkt mehr verdient zu haben, als er dir geben will. Wenn er darauf nicht eingeht, kannst du nichts mehr machen, ohne deinen Ruf bei ihm zu ruinieren. Strenge Lehrer legen für gewöhnlich großen Wert darauf, dass ihre Schüler die Hierarchie, in der Lehrer nun einmal höhergestellt sind als Schüler, anerkennen.

Der „Selbstverliebte“:

Dieser narzisstisch veranlagte Lehrertyp hält sich für den größten und besten Lehrer, den die Welt je gesehen hat. Allein seine Meinung ist die Richtige und andere sollen diese doch bitte übernehmen! Er reißt viele Witze und genießt das folgende Gelächter wie Applaus. Des Weiteren spielt er gerne ernstes Interesse an seinen Schülern vor, ist jedoch im Zweifelsfall trotzdem gnadenlos in der Notenvergabe. Während der Notenvergabe versucht er seine Schüler damit abzuspeisen, dass er noch überlegen müsse, ob er die Note nach oben korrigiert. In diesem Fall sollte man aus Schülersicht die nächsten Unterrichtsstunden extra gut mitarbeiten und sofort wieder das Gespräch mit dem Lehrer suchen und fragen, ob er es sich überlegt hat. Fehlende Hausaufgaben sieht dieser Lehrer als Majestätsbeleidigung an.

Der „komische Vogel“

Komische Lehrer trifft man häufig in Nebenfächern an, vor allem in Musik, Kunst und Religion. Sie sind meistens liebenswerte Menschen mit seltsamen Angewohnheiten oder Sichtweisen und sind nicht sonderlich streng. Außerdem lieben sie ihre Fächer nicht nur, sie leben sie! Sei es das Verkleiden als Elvis Presley im Musikunterricht oder das Abspielen esoterischer Musik für den richtigen „Flow“ im Kunstunterricht - der Unterricht dieses Lehrertyps ist selten langweilig! Allerdings haben sie häufig Probleme damit, den Stoff verständlich zu erklären. Das ist ärgerlich, weil man zwar mehr Spaß, als in anderen Fächern hat, aber auch weniger lernt. Deshalb ist gerade in den Klausuren Vorsicht geboten! Nicht alle „komischen Vögel“ stellen einfache Klausuren, was ihr schülerfreundliches Image zum Teil zerstört. Des Weiteren geben sie selten Hausaufgaben auf und sind auch nicht sehr streng, wenn man sie mal vergisst. Hinzu kommt, dass man gut mit ihnen in der Notenbesprechung verhandeln kann. Hier kannst du viel rausholen!

Der „Übermotivierte“

Übermotivierte Lehrer sind meist sehr jung und noch nicht lang als Lehrer tätig. Sie machen sich eine Menge Arbeit, um den Unterricht interessant zu gestalten, geben aber auch viele Hausaufgaben auf. Darüber hinaus haben sie es sich zur Aufgabe gemacht, den schwächeren Schülern den Anschluss zu ermöglichen und gleichzeitig die besseren Schüler durch anspruchsvollere Aufgaben zu fördern. Jedoch schaffen diesen Balanceakt nur wenige. Außerdem sind sie durch den hohen Aufwand, den sie betreiben, oft gestresst und launisch. In der Notenbesprechung ist leider selten etwas zu holen, da sie in ihren ersten

Jahren natürlich alles korrekt machen wollen. Allerdings kannst du sie mit der Frage nach Feedback festnageln, woraufhin sie dir in der darauffolgenden Notenbesprechung mehr Punkte zusprechen werden!

Der „Inkompetente“

Der inkompetente Lehrer hat leider entweder wenig Ahnung von dem Fach, das er unterrichtet, oder überhaupt keinen Plan, wie er es erklären soll. Das kann zu großen Problemen führen, weil er dich nicht gut auf Klausuren und das Abitur vorbereitet. Oft gibt er zwar Hausaufgaben auf, bespricht sie aber nicht richtig, oder kontrolliert nur im Schnelldurchlauf die Lösungen. Daher merkt er auch nicht, wenn man seine Hausaufgaben mal vergessen hat. In der Notenbesprechung ist er durchaus verhandlungsbereit, da er sich wahrscheinlich kaum an dich und deine

Mitarbeit erinnert. Das Wichtigste bei diesem Lehrertyp ist jedoch, dass du dir den Unterrichtsstoff anderweitig beibringst, sei es durch das Lehrbuch, das Internet, Freunde und Familie oder notfalls einen Nachhilfelehrer. Diese Art von Lehrer wird dir nämlich nichts beibringen können!

Der „Gute Lehrer“

Ja, es gibt auch wirklich gute Lehrer! Allerdings nur wenige. Der gute Lehrer macht anschaulichen und verständlichen Unterricht. Er gibt faire Noten und lockert den Unterricht hier und da ein bisschen auf, ohne sich dabei auf der Nase herumtanzen zu lassen. Er hat eine gute Beziehung zu seinen Schülern und hilft jedem das Abitur zu bestehen. Des Weiteren verlangt er viel von seinen Schülern, auch was Hausaufgaben angeht, bringt ihnen jedoch auch viel bei, was sie optimal auf das

Abitur vorbereitet. In der Notenbesprechung lässt er mit sich reden und gibt dir eventuell auch mal einen Extrapunkt, wenn du ihn unbedingt brauchst und Engagement zeigst. Allerdings solltest du darauf achten, nicht unverschämt zu werden, sonst wird auch seine Gutmütigkeit verfliegen.

Natürlich gibt es noch viele weitere, komplexere Lehrertypen, die eine Mischung aus zwei oder mehreren Stereotypen sein können. Die hier genannten sind jedoch meiner Erfahrung nach die, die am häufigsten vorkommen.

Abiturtipps

Es ist soweit! Die Abiturprüfungen stehen an und du weißt nicht, wie du dich vorbereiten sollst? Im Folgenden will ich dir ein paar Tipps geben, wie du gut vorbereitet in die Prüfungen gehen kannst, ohne Monate vorher mit dem Lernen anzufangen.

Zu Beginn muss gesagt werden, dass die schriftlichen Prüfungen am schwierigsten vorzubereiten sind. Du hast kaum Anhaltspunkte, was vom Oberstufenstoff abgefragt wird und auch deine Lehrer haben keine Ahnung, was genau geprüft wird. Deshalb ist es auch hier, wie auch bei anderen Klausuren, wichtig, dass du immer im Unterricht mitmachst und im besten Fall schon immer mitgemacht hast. Kurz vor den Abiturprüfungen wiederholen Lehrer nämlich für gewöhnlich noch einmal den Abiturstoff mit euch, sodass du, wenn du gut aufpasst, schon recht gut vorbereitet bist. Das ist wichtig für die Motivation, weil es viel unangenehmer ist anzufangen für ein Fach zu lernen, von dem du überhaupt keine Ahnung hast.

Du kannst während dieser Zeit auch Zuhause den Stoff ab und zu wiederholen. Dazu hat jedoch keiner Lust, mich eingeschlossen. Ich habe nur ein, und manchmal auch zwei Tage vor den Abiturprüfungen einen „Lerntag“ angesetzt und damit hatte sich die Sache. Allerdings habe ich an diesen ein bis zwei Tagen auch sehr effektiv gelernt. Mit dem Wissen, dass man während des Schlafens die aufgenommenen Informationen verarbeitet, lernte ich in einem zwei Stunden Rhythmus, der immer von einem 45-minütigem Nickerchen unterbrochen wurde. Das war einerseits eine sehr entspannende Art zu lernen und andererseits auch sehr effektiv. Das muss aber natürlich jeder für sich herausfinden, ich habe auch schon von vielen gehört, dass sie nach 50 Minuten eine viertelstündige Pause einlegen und dann so weiter machen. Probiere das doch einfach mal aus!

Zugegeben, ich habe nicht in allen schriftlichen Prüfungen 15 Punkte geschrieben, aber allzu weit weg davon war ich auch nicht. Ich wusste genau, dass ich für 15 Punkte definitiv früher als einen oder zwei Tage vorher hätte anfangen müssen zu lernen, da man dafür mindestens 96% der Punkte braucht und das ist schon echt viel. Dein Lernpensum verhält sich nämlich leider nicht proportional zu den resultierenden Noten, sondern eher entsprechend des Graphen auf der nächsten Seite:

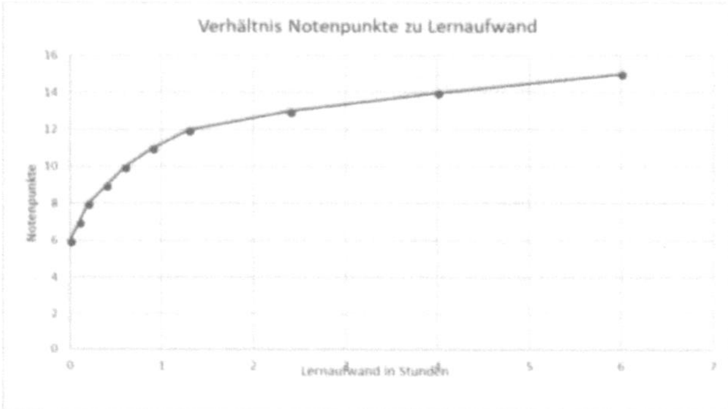

Dieser Graph soll rein repräsentativ wirken und hat keinen Anspruch auf korrekte einzelne Werte, da sich diese sowieso von Schüler zu Schüler und Klausur zu Klausur unterscheiden.

Ich lerne damals nach dem Prinzip, mit minimalem Aufwand das bestmögliche Ergebnis herauszuholen. Du solltest dir also bewusst machen, dass du für 15 Punkte wahrscheinlich überproportional viel mehr lernen musst, als für 13 Punkte und gut überlegen, ob das dir die zwei Punkte mehr wert sind. Das heißt, dass du für 13 Punkte vielleicht fünf Stunden, für 15 Punkte aber vielleicht schon über zehn Stunden lernen musst- und das sind ja nur zwei Punkte mehr!

Wenn du dann tatsächlich anfängst zu lernen, ist es ratsam, über deine alten Klausuren zu schauen und dir somit ins Gedächtnis zu rufen, wo du früher schon Schwierigkeiten hattest. Keine Punkte bei der Aufgabe über Vektorenbestimmung im zweiten Halbjahr? Dann solltest du dir genau das besonders gut angucken, wenn du dich für die Abiturprüfung vorbereitest! Bringe in Erfahrung, warum du damals diese Fehler gemacht hast und stelle sicher, dass sie dir im Abi nicht noch einmal passieren.

Außerdem solltest du immer mit einer Operatorenliste lernen, um genau zu wissen, was mit Begriffen wie „erkläre“, „diskutiere“, oder „berechne“ gemeint ist. Diese Operatorenliste findest du, wenn deine Lehrer sie dir nicht ausgeteilt haben, auch im Internet. Sie definieren, was bei welcher

Aufgabenstellung verlangt wird. Für gewöhnlich darfst du eine solche Operatorenliste auch im Abitur verwenden, allerdings ist es einfacher, wenn man von Haus aus weiß, was die jeweiligen Operatoren bedeuten, weil es verschwendete Zeit ist, so etwas nachzuschlagen. Solltest du dir während der Abiturprüfung jedoch unsicher bezüglich eines Operators sein, dann schlag lieber nach! Es wäre doch wirklich ärgerlich, wenn du auf eine Aufgabe keine Punkte bekommst, nur weil du die Aufgabenstellung missverstanden hast!

Des Weiteren ist es eine empfehlenswerte Vorbereitungsmethode, einen oder mehrere komplette Abiturvorschläge der letzten Jahre durchzuarbeiten und sich dafür genau so viel Zeit zu lassen, wie man in der Abiturprüfung haben wird. Das soll die Prüfungssituation simulieren, weswegen du auch nicht dein Buch oder andere Hilfsmittel zurate ziehen solltest, wenn du eine Antwort nicht weißt. Am Ende der

Probeprüfung hast du ein gutes Bild davon, wie gut du bereits vorbereitet bist und hast zusätzlich etwas gelernt. Generell würde ich so viele alte Abiturvorschläge, wie nur möglich durchschauen und bearbeiten, um ein Gefühl dafür zu bekommen, was gerne abgefragt wird.

Soviel zu den schriftlichen Prüfungen! Bei den mündlichen Prüfungen hast du noch ein paar Möglichkeiten mehr, dich vorzubereiten. Hier stellen normalerweise deine Lehrer die Aufgaben zusammen, die du in der Prüfung bearbeiten musst. Das heißt sie wissen, was abgefragt werden wird, anders als in den schriftlichen Prüfungen. Selbstverständlich werden dir die wenigsten Lehrer vorab sagen, wie die Prüfung aussehen wird. Allerdings machen sie gerne Andeutungen, wie auch vor Klausuren, was drankommen könnte. Diese Andeutungen sind Gold wert und manchmal kannst du sie sogar provozieren. Beispielsweise kannst du deine Lehrer fragen:

„Was denken Sie, sollte ich mir das Thema xy noch einmal genauer anschauen?“. Damit fragst du indirekt, ob das Thema xy relevant für die Prüfung ist und die meisten Lehrer werden dir daraufhin eine höchst aufschlussreiche Antwort geben. Auf diesem Weg kannst du bestimmte Themen ausschließen und anderen dafür umso mehr Beachtung schenken.

Besonders wichtig sollte dir natürlich auch der Stoff sein, den die Lehrer in den Stunden vor der Prüfung wiederholen. Wenn deine Lehrer ein Thema in dieser Wiederholung nicht berücksichtigen, ist es für gewöhnlich auch nicht prüfungsrelevant.

In der Prüfung selbst ist es empfehlenswert, so ruhig wie möglich zu bleiben. Natürlich ist man extrem aufgeregt, das darf aber nicht dazu führen, dass du nur noch rumstotterst und keinen zusammenhängenden Satz mehr zustande bringst. Manch einer trinkt deshalb auch ein Bierchen vor seiner Prüfung, um ein bisschen runterzukommen. Das ist mit Sicherheit nicht für jeden etwas und ich will hier auch nicht Alkohol als Prüfungshilfsmittel anpreisen, jedoch sei gesagt, dass Alkohol in manchen Sportarten eine verbotene Dopingsubstanz ist, weil es beruhigend wirkt. Allerdings nur bis zu einem gewissen Promillewert. Das heißt, wenn du wirklich vor der Prüfung Alkohol konsumieren willst, um dich zu beruhigen, belasse es bei einem Bier! Du willst ja schließlich den Prüfern nicht mit einer Fahne gegenübertreten! Generell sind die von mir bereits in vorigen beleuchteten Meditationsübungen wohl empfehlenswerter.

Während der Vorbereitungszeit sollte man keine Romane auf seine Notizblätter schreiben, sondern stichpunktartig festhalten, was man sagen will. Du willst dir einen Leitfaden schaffen, an dem du dich durch die Prüfung hangeln kannst, nicht einen Aufsatz schreiben! Das vermeidet, dass du während der Prüfung nur abliest und kaum deine Prüfer ansiehst. Außerdem ist es viel wichtiger einen Plan im Kopf zu haben, als alle möglichen Gedanken auf einen Zettel zu schreiben. Der erste Teil deiner mündlichen Prüfung unterscheidet sich deshalb kaum von einer gewöhnlichen Präsentation.

Ab dem Moment, in dem du den Prüfungsraum betrittst musst du Selbstvertrauen vorspielen. Egal, wie unsicher oder nervös du bist, du gehst mit aufrechter Haltung und breiter Brust den Prüfern entgegen. Sie sollen nicht den Eindruck bekommen, dass du unsicher bist. Anschließend schüttelst du jedem Prüfer die Hand und stellst dich gegebenenfalls kurz vor, sofern du Prüfer hast, die dich nicht kennen. Das macht einen guten Eindruck und sammelt dir schon die ersten Sympathiepunkte. Natürlich ist es je nach Sitzordnung schwer möglich den Prüfern die Hände zu schütteln.

Belasse es in diesem Fall einfach bei einer höflichen Begrüßung.

Danach wird die Prüfung eröffnet und du beginnst am besten gleich damit zu erklären, was deine Aufgaben sind und in welcher Reihenfolge du sie beantworten willst. Es ist wichtig, dass du das Zepter in der Hand behältst, denn bedenke: solange du sprichst, stellen die Prüfer dir auch keine unangenehmen Fragen! Gehe zügig mit dem Vortragen deiner Antworten voran, da die Zeit begrenzt ist und du sonst unter Zeitstress gerätst, alle Aufgaben zu beantworten. Die Wahrscheinlichkeit, dass deine Prüfer dir mehr Zeit geben ist äußerst gering. Bemühe dich außerdem laut und deutlich hochdeutsch zu sprechen und baue so viele Fachbegriffe wie möglich ein. Dies erzeugt bei deinen Gegenübern das Gefühl, dass du intelligent und gut vorbereitet bist.

Wenn du all diese Tipps beachtest, steht einer erfolgreichen Abiturprüfung nichts mehr im Wege!

Zusammenfassung:

- Mach in den Wiederholungsstunden vor den Abiturprüfungen besonders gut mit
- Probiere meine Lernmethode mit den Nickerchen aus
- Schaue dir deine alten Klausuren und die Fehler, die du darin gemacht hast, genau an
- Lerne mit einer Operatorenliste
- Simuliere die Prüfungssituation mit alten Abiturprüfungen
- Stelle deinen Lehrern indirekte Fragen zu möglichen mündlichen Prüfungsthemen
- Notiere nur Stichpunkte in der Vorbereitungszeit für die mündlichen Prüfungen
- Bleibe in den Prüfungen so ruhig wie möglich und gebe dich selbstbewusst

- Lasse dir nicht zu viel Zeit, wenn du deine Antworten vorträgst
- Spreche hochdeutsch und verwende viele Fachbegriff

Schlusswort

Meine dargelegten Tipps und Tricks sind natürlich nicht wissenschaftlich belegt oder dergleichen. Ich kann mir kaum vorstellen, dass sich Wissenschaftler Gedanken über die Entstehung von Schulnoten machen. Allerdings waren mir diese Tricks während meiner Schulzeit sehr hilfreich und ich bin mir sicher, dass auch du davon profitieren wirst, wenn du sie umsetzt.

Es ist viel leichter, als man denkt gute Noten ohne zu lernen zu bekommen. Man lässt sich lediglich durch die Meinungen und Aussagen anderer, die eben keine so guten Noten haben oder hatten, entmutigen. „1,0 ist quasi unmöglich und wenn es jemand schafft, dann ist das mit Sicherheit irgend so ein sozial inkompetenter Hochbegabter!“. Solche Aussagen hört man nicht selten und leider glauben sie viele. Mag sein, dass das vor fünfzig Jahren der Fall gewesen sein mag, das kann ich nicht beurteilen. Aber in der heutigen Zeit, in der immer mehr und mehr junge Menschen das Gymnasium besuchen und der Anspruch an die Schüler immer weiter sinkt, ist es definitiv möglich das Abitur mit dem bestmöglichen Schnitt abzulegen, auch ohne viel dafür zu lernen.

Dabei will ich gar nicht sagen, dass das Lernen an sich schlecht wäre und man es deswegen umgehen sollte, ganz im Gegenteil! Lernen ist ein zentraler Punkt des Lebens und niemand wird jemals ausgelernt haben. Jedoch sollte man sich auch stehts hinterfragen, was einem das Erlernte bringt. Wenn einem das Wissen, das man sich aneignet, auf lange Sicht nichts bringt, ist es lediglich verschwendete Gehirnkapazität.

Mit diesem Buch will ich dir nicht nur helfen gute Schulnoten ohne Lernen zu bekommen, sondern dir auch beibringen, immer nach alternativen Lösungen zu suchen, um an dein Ziel zu kommen. Lerne Dinge, die dich wirklich weiterbringen und wovon du dein ganzes Leben profitieren kannst. Dazu gehört nun einmal die Fähigkeit, Probleme zu erkennen, bekannte Lösungsansätze zu hinterfragen und auch neue, vielleicht unkonventionelle Lösungen zu finden. Wie du siehst, ist Lernen nicht der einzige Weg gute Noten zu erzielen, auch wenn das der traditionelle und anerkannte Weg ist. Sicher ist einiges von dem, was man in der Schule lernt auch wichtig für deine Zukunft, jedoch gehört beispielsweise eine Gedichtanalyse auf Französisch nicht dazu, wenn du nicht gerade französische Literatur studieren willst. Mache dir deshalb klar, was du willst: Willst du dir jeden Tag stundenlang stupides und oft unnötiges Schulwissen einbläuen oder willst du dir eine Denkweise aneignen, die sich nicht mit unzufriedenstellenden und vorgefertigten

Lösungen abfindet, sondern durch kritisches Hinterfragen und unkonventionelle Gedankengänge neue, bessere Lösungen schafft?

Das Problem der meisten Menschen ist, dass sie zwar das Potenzial zu diesem Denken haben, jedoch gar nicht auf die Idee kommen, von traditionellen, gewöhnlichen Pfaden abzuweichen. Würden sich mehr Menschen fragen: „Geht das denn nicht vielleicht besser oder effizienter?“, und sich nicht gleich mit der erst besten Lösung zufriedengeben, gäbe es wohl innerhalb kürzester Zeit einen enormen Anstieg an Innovationen in unserer Gesellschaft, Wirtschaft, Politik und in jedem anderen Bereich auch.

Wenn du dir diese Denkweise aneignest, hast du mehr gelernt, als die meisten in ihrer gesamten Schullaufbahn lernen werden. Deshalb ergibt es Sinn, sich damit zu beschäftigen!

Tust du das, stehen dir alle Türen offen und gute Noten ohne zu lernen wird nur der Anfang deiner Erfolgsgeschichte gewesen sein!

Viel Erfolg dabei!

ISBN 978-3-7467-5492-5
9 783746 754925 0000
www.epubli.de